2006 '작가'가 선정한

오늘의 시

작가

■ 펴내면서

　사람들은 언어가 가지는 촌철살인寸鐵殺人의 힘을 대망해왔다. 잘 짜여진 짧은 언어를 통한 감동과 자각은 그만큼 인간이 지녀온 오랜 욕망의 대상이자 문화 행위의 핵심이기도 하였다. 짧게 온축된 언어를 통해 인류의 지혜가 전승되어온 것은 단연 이러한 욕망이 구체적으로 반영된 실례일 것이다. 그런가 하면 사람들은 언어라는 불완전한 매체를 수반하지 않는, 곧 언어 이전의 근원적 상태를 갈망해왔다. 언어의 불가피한 한계들 때문에 진정한 감동과 깨달음은 언어 너머에 혹은 언어 이전에 존재한다는 믿음이 그것인데, 그래서 한켠에서는 언어적 형식을 띠지 않는 진리 추구 방식이 여러 모로 추구되어왔던 것이다. '언어 예술'로서의 운명을 걸머진 '시詩'는 언어에 대한 이 같은 이중적 욕망을 동시에 표상해온 역사를 가지고 있다. 말하자면 '시'는 언어적 의미를 통해 감동과 깨달음을 주기도 하였고, 한편으로는 의미 이전의 '소리' 자질에 대해 천착하기도 하였다.
　그만큼 '시'는 의미 지향과 탈脫의미 지향의 욕망이 서로 균형을 이루면서 '시적인 것'을 이루어온 언어적 실체라고 말할 수 있다. 물론 이때 '시적인 것'은 시를 구성하는 '의미'와 '소리'의 각별한 어울림에서 생겨난다. '의미'로 무게중심을 할애했을 때 '시적인 것'은 전언을 내면화하는 과정에서 확장되는 것이고, '소리'의 손을 들어주었을 때는 시적 형식 자체가 '시적인 것'의 수원水源이 된다. 우리 시대의 시인들은, 험난했던 근대사를 뒤로 하면서(반성적으로 사유하면서) 이제는 '시적인 것'의 확산과 다양화를 꾀하고 있다.

2006년『'작가'가 선정한 오늘의 시』는 이 같은 시의 복합성의 육체를 보여주기에 족한 가편佳篇들로 구성되어 있다. 많은 문학인들로부터 지지를 받은 결과를 바탕으로, 미학적으로 완결성이 크고 개성적인 목소리를 담은 시편들과 시집이 선정되었다고 자부할 수 있다.

　먼저 시 부문에서는 송찬호의 시편 「만년필」이 가장 많은 추천을 받았다. 미학적 집중성이 단연 높은 송 시인이 오랜만에 보여준 절창 속에서 우리 시의 오래된 위의威儀를 확인할 수 있을 것이다. 그동안 언어의 형이상학적 가능성과 미학적 구도를 완결성 있게 보여준 송 시인의 시세계는, 추천이 분산될 수밖에 없는 점을 고려한다면 각별한 주목을 받은 셈이라 할 수 있다. 그리고 시집 부문에서는 김명인 시집『파문』이 가장 높은 점수를 받았다. 김명인 시집은 '풍경'을 투시하면서도 시인의 내면에 일고 무너지는 '시간'의 흐름을 포착하여 유추적으로 결합시켜 놓은 성과이다. 초기 시편에서 보였던 사회적 약자나 상처받은 이들에 대한 연민과 공감의 이미지는 후기 시편으로 올수록 '풍경'의 발견과 존재론적 사유 속으로 확장되어가는데, 그 결과『파문』은 '시간'의 탐색에 무게중심이 놓인다.

　시적 다원성 자체가 하나의 징후인 것은 1990년대 이래 지금도 꾸준히 이어져오고 있다. 그래서 이제 우리 시는 다음 세대를 위한 새로운 발화 방식과 전언을 준비해야 한다는 문학사적 요청에 직면해 있다고 할 수 있다. 하지만 그것이 첨예한 미학적 고투를 동반해야 하는 것이든, 사유의 차원을 갱신해야 하는 것이든, 시적인 것에 대한 메타적 고민을 통해 이루어질 것은 틀림없는 일이다. 이때조차 우리는, 시적인 것이 시장 원리와 효율성이라는 근대 자본주의 원리의 대척점에서 발원하는 것임을 망각하지는 않을 것이다. 우리가 펴내는 이 책은 그에 대한 유력한 물증이다.

2006년 1월 기획위원회

목차

■ 펴내면서

오 늘 의 시

강연호	산수유 마을에 갔습니다 ·	12
강 정	단 한 차례의 멸종 ·	14
고진하	가방 속 하루살이 ·	16
고형렬	경호원 K ·	18
공광규	엉엉 울며 동네 한 바퀴 ·	21
김경미	질―改作 ·	24
김경주	우주로 날아가는 방 5 ·	26
김 근	뱀소년의 외출 ·	29
김기택	오토바이와 개 ·	34
김사인	봄밤 ·	35
김선태	수묵 산수 ·	37
김 언	유령―되기 ·	39
김영재	지워지는 슬픔 ·	41
김완하	가을 숲에 들다 ·	42
김지하	짐승 ·	44
김행숙	착한 개 ·	47
김혜순	장엄 부엌 ·	49
나희덕	절, 뚝, 절, 뚝, ·	52
남진우	축제는 계속된다 ·	54
도종환	은파 ·	56
마종기	캄보디아 저녁 ·	59
문성해	아랫도리 ·	60
문인수	낡은 피아노의 봄밤 ·	62
문태준	극빈 2 ·	64
박기섭	角北―눈 ·	65
박시교	길 ·	67
박주택	독신자들 ·	68

박 찬	공명 · 70	
박현수	무뇌설법 · 72	
박형준	홍시 · 74	
반칠환	자벌레 · 76	
서정춘	빨랫줄 · 78	
손세실리아	얼음 호수 · 80	
손정순	기지개를 켜다 · 82	
손진은	중년 · 84	
손택수	수박 · 86	
송수권	봄날 · 88	
송재학	마다가스카르 섬 · 90	
송종찬	아차산 가는 길 · 92	
송찬호	만년필 · 94	
신경림	하느님은 알지만 빨리 말하시지 않는다 · 96	
신현정	오리 한 줄 · 98	
안도현	기러기 알 · 100	
안상학	아배 생각 · 102	
오승철	송당 쇠똥구리 1 · 103	
오정국	몸살, 찔레꽃 붉게 피는 · 105	
오탁번	폭설 · 107	
유자효	세한도 · 109	
유재영	백년의 그늘 · 111	
유종인	돌확 속의 生 · 112	
유홍준	文盲 · 114	
이규리	파티, 좋아하나요 · 116	
이기성	1호선 · 119	
이덕규	꽃 꿈 · 121	
이병률	사랑의 역사 · 123	
이성복	시 1 · 124	
이승은	시간 · 125	
이승철	내 청춘의 비망록 · 127	

이시영	풀꾼 · 134	
이우걸	열쇠 · 135	
이은봉	우울 · 136	
이재무	갈퀴 · 138	
이정록	나무의자 · 140	
이정환	俗化에 대하여 · 142	
이진명	눈물 머금은 神이 우리를 바라보신다 · 144	
이태수	깊은 밤, 시를 쓰다가 · 146	
장만호	무서운 속도 · 148	
장석남	편자 신은 연애 · 150	
장옥관	돋보기 맞추러 갔다가 · 151	
장철문	흰 국숫발 · 153	
전기철	모자이크 방 · 156	
정끝별	가지에 가지가 걸릴 때 · 157	
정수자	혼의 집, 세한도를 엿보다 · 159	
정우영	달팽이 · 161	
정진규	청도가 수상하다 · 162	
정현종	바쁜 듯이 · 164	
조연호	저녁의 기원 · 165	
조용미	흙 속의 잠 · 167	
조정권	이 마음의 걸 · 169	
차주일	얼굴 · 172	
차창룡	기러기의 뱃속에서 낟알과 지렁이가 섞이고 있을 때 · 174	
최동호	노인과 수평선 · 176	
최서림	가문비나무숲 · 178	
최정례	비스듬히 · 180	
한광구	바늘 · 182	
허수경	입술 · 184	
홍성란	폭풍의 언덕 · 186	
홍은택	방안에 핀 동백 · 188	
황동규	당진 장고항 앞바다 · 189	

오늘의 시집·서평

김용락	애매하고 모호한 어법의 이면 · 193	
	— 김명인 시집 『파문』(문학과지성사)	
고인환	시 혹은 삶에 대한 예의 · 199	
	— 고영민 시집 『악어』(실천문학)	
김문주	변죽의 수사 그 너머에 있는 본문 · 204	
	— 권혁웅 시집 『마징가 계보학』(창비)	
고봉준	썩은 밑동에서 새순이 돋는다 · 208	
	— 김광렬 시집 『풀잎들의 부리』(모아드림)	
박수연	"그"의 시학 · 212	
	— 김신용 시집 『환상통』(천년의시작)	
이성우	삶이 가벼울 수 없는 까닭 · 216	
	— 맹문재 시집 『책이 무거운 이유』(창비)	
김춘식	사실의 바깥, 검은 물 · 220	
	— 신해욱 시집 『간결한 배치』(민음사)	
문혜원	물물과 '나'의 수평적인 연관 구조 · 224	
	— 오규원 시집 『새와 나무와 새똥 그리고 돌멩이』 (문학과지성사)	
조강석	천의무봉의 술기를 한사코… · 229	
	— 윤의섭 시집 『붉은 달은 미친 듯이 궤도를 돈다』 (문학과지성사)	
이지엽	차라리 그대가 지상의 중심이다 · 233	
	— 이달균 시집 『장롱의 말』(고요아침)	
유성호	봄날에 발견하는 우주적 생의 형식 · 238	
	— 이종문 시집 『봄날도 환한 봄날』(만인사)	

홍용희	저녁의 시간의식과 긍정의 언어 · 242	
	— 임동확 시집 『나는 오래전에도 여기 있었다』(실천문학)	
이형권	발명되는 풍경들 · 247	
	— 장석주 시집 『붉디 붉은 호랑이』(애지)	
이혜원	해학, 생목숨들의 꿈 · 251	
	— 정 양 시집 『길을 잃고 싶을 때가 많았다』(문학동네)	
김수이	몸과 생의 너무 많은 입에서 흘러나온, 잘 자란 비명 · 256	
	— 천양희 시집 『너무 많은 입』(창비)	
하상일	시의 뿌리, 시의 근원 · 260	
	— 박진성 시집 『목숨』(천년의시작)	
강경희	환하게 시들어 가는 가족 이야기 · 265	
	— 이창수 시집 『물오리 사냥』(천년의시작)	
노 철	심미성과 영혼의 기도 소리 · 270	
	— 허형만 시집 『첫차』(황금알)	
구모룡	풍경의 시간들 · 275	
	— 최하림 시집 『때로는 네가 보이지 않는다』 (랜덤하우스중앙)	
한강희	경계境界, 혹은 방외方外를 지탱하는 유연한 힘 · 280	
	— 함민복 시집 『말랑말랑한 힘』(문학세계사)	
한명희	외계의 상상력: 황병승÷시코쿠×2005— 뒤바뀐 거울=? · 286	
	— 황병승 시집 『여장남자 시코쿠』(랜덤하우스중앙)	

■추천작 목록 및 추천위원 명단

2006 '작가'가 선정한 오늘의 시

  이것으로 무엇을 이룰 수 있었을 것인가 만년필 끝 이렇게 작고 짧은 삽날을 나는 여지껏 본 적이 없다

  한때, 이것으로 허공에 방두정을 박고 술 취한 넥타이나 구름을 걸어 두었다 이것으로 경매에 나오는 죽은 말대가리 눈화장을 해주는 미용사 일도 하였다

  또 한때, 이것으로 근엄한 장군의 수염을 그리거나 부유한 앵무새의 혓바닥 노릇을 한 적도 있다 그리고 지금은 이것으로 공원묘지에 잎을 얹어 비명을 읽어 주거나, 비로소 가끔씩 때늦은 후회의 글을 쓰기도 한다

  그리하여 별 좋은 어느 가을날 오후 나는 눈썹 까만 해바라기 씨를 까먹으면서, 해바라기 그 황금 원반에 새겨진 '파카'니 '크리스탈'이니 하는 빛나는 만년필시대의 이름들을 추억해 보는 것이다

  그러면서 나는 오래된 만년필을 만지작거리며 지난날 습작의 삶을 돌이켜본다 — 만년필은 백지의 벽에 머리를 짓찧는다 만년필은 캄캄한 벽지 속으로 들어가 오랜 불면의 밤을 밝힌다 — 이젠 수사는 모두 고통스런 지난 일들이니!

  하지만 나는 책상 서랍을 여닫을 때마다 혼자 뒹굴어 다니는 이 잊혀진 필기구를 보면서 가끔은 이런 상념에 젖기도 하는 것이다 — 거품 부글거리는 이 잉크의 늪에 한 마리 푸른 악어가 산다

— 송찬호 「만년필」 전문

강연호　강　정　고진하　고형
산수유 마을에 갔습니다　단 한 차례의 멸종　가방 속의 하루살이　경

김　근　김사인　김선태　김
뱀소년의 외출　봄밤　수묵산수　유령-되기

김혜순　나희덕　남진우　도종
장엄부엌　절, 뚝, 절, 뚝,　축제는 계속된다　은

박기섭　박시교　박주택　박
角北 -눈　길　독신자들　공명

손세실리아　손정순　손진은　손택
얼음 호수　기지개를 켜다　중년　수박

신경림　신현정　안도현　안상
하느님은 알지만 빨리 말하시지 않는다　오리 한 줄　기러기

유재영　유종인　유홍준　이규
백년의 그늘　돌확 속의 生　文盲　파티

이승은　이승철　이시영　이우
시간　내 청춘의 비망록　풀꾼　열소

이진명　이태수　장만호　장석남
눈물 머금은 神이 우리를 바라보신다　깊은 밤, 시를 쓰다가　무서운 속도

정수자　정우영　정진규　정현종
혼의 집, 세한도를 엿보다　달팽이　청도가 수상하다

차창룡　최동호　최서림　최정례
기러기의 뱃속에서 낟알과 지렁이가 섞이고 있을 때　노인과 수평선　가문비

오늘의 시

강광규	엉 울며 동네 한 바퀴
김경미	질-改作
김경주	우주로 날아가는 방 5
김○택	오토바○와 개
김영재	워지는 슬픔
김완하	가을숲에 들다
김지하	짐승
김행숙	차하게
마종기	디아 저녁
문성해	아랫도리
문인수	낡은 피아노의 봄밤
문○	○번2
박현수	뇌설법
박형준	홍시
반칠환	자벌레
서○○	빨랫줄
○수권	마다가스카르 섬
송재학	아차산 가는 길
송종찬	
송○	년필
오승철	생각
오정국	송당 쇠똥구리 1
오탁번	몸살, 찔레꽃 붉게 피는
유자○	폭설 세한도
○기성	하나요?
이덕규	1호선
이병률	꽃 꿈
이성복	사랑의 역사 시1
이은봉	울
이재무	갈퀴
이정록	나무의자
이정환	俗化에 대하여
장옥관	연애 돋보기
장철문	맞추러 갔다가
전기철	흰 국숫발 모자이크 방
정끝별	가지에 가지가 걸릴 때
조연호	듯이
조용미	저녁의 기원
조정권	흙 속의 잠
차주일	이 마음의 길 얼굴
○구	비스듬히 바늘
허수경	입술
홍성란	폭풍의 언덕
홍은택	방안에 핀 동백
황동규	당진 장고항 앞바다

산수유 마을에 갔습니다

지리산 산동 마을로 산수유 사러 갔습니다
산동 마을은 바로 산수유 마을이고
그 열매로 차를 끓여 마시면 이명에 좋다던가요
어디서 흘려 들은 처방을 핑계 삼았습니다만
사실은 가을빛이 이명처럼 넌출거렸기 때문입니다
이명이란, 미궁 같은 귓바퀴가 소리의 출구를 봉해 버린 것이지요
내뱉지 못한 소리들이 한꺼번에 귀로 몰려
일제히 소용돌이치는 것이지요, 이 소리도 아니도 저 소리도 아니면서
이 소리와 저 소리가 한데 뒤섞이는 것이기도 하구요
어쨌거나 이명은 이명이고 산수유는 산수유겠지만
옛날에는 마을의 처녀들이 산수유 열매를 입에 넣어
하나하나 씨앗을 발라냈다던가요
산수유, 하고 입 안에서 가만가만 궁글려보면
이명이란 또한 오래 전 미처 못 다한 고백 같은 것이어서
이제라도 산수유 씨앗처럼 간곡하게 뱉어낼 것도 같았습니다
그래서 붉은 혀와 잇몸 같은 열매가 간절했답니다
어쩌면 이명이 낫는 대신, 지난봄의 노란 꽃잎마냥 눈이 환해지거나
열매처럼 붉은 목젖이 자랄 수도 있었겠지요
마을은 한참 산수유 열매를 따서 널어 말리는 중이었습니다

씨앗을 들어낸 뒤 마당이나 길바닥에 펼쳐진 열매들은
넌출거리는 가을빛에 쪼글쪼글 말라가고 있었습니다
그것은 문득, 장롱에 차곡차곡 개켜 넣은
철 지난 옷가지들을 물끄러미 바라보는 일처럼 서글펐답니다
이제 돌아가면 오래 전의 쑥뜸 자국 같은 한숨 한 번 몰아쉰 뒤
이명보다 깊이 잠들 수 있을는지요
산수유 사러 산수유 마을에 갔습니다

(시안, 겨울호)

시 작 노 트

살살 달래 가며 지내세요. 어느 의사가 내 오랜 이명耳鳴에 대해 내린 처방이다. 귓병 중에서도 이명은 원인 불명이 많아 현대 의학으로도 고치기가 그리 쉽지 않다고 한다. 그저 살살 달래면서 함께 지내라는 거다. 이명에 좋다는 산수유 열매를 사러 지리산 산동 마을로 가면서, 나는 사실 그 효능에 대해서는 별 기대를 하지 않았다. 그렇지만 살살 달래고는 싶었다. 가만히 숨을 골라 돌이켜보면, 이명뿐만 아니라 오래 묵은 상처나 분노 슬픔 그리움 등도 역시 고치기가 그리 만만치 않다. 그러니 그저 살살 달래 가며 함께 지낼 밖에. 별고 없다는 안부는 언제나 간곡한 법이다.

강 연 호 1962년 대전 출생. 고려대학교 국문과 · 대학원 졸업. 1991년《문예중앙》신인 문학상으로 등단. 시집으로 『비단길』『잘못 든 길이 지도를 만든다』『세상의 모든 뿌리는 젖어 있다』 등이 있음. 1995년 현대시동인상 수상. 현재 원광대학교 문예창작과 교수.

단 한 차례의 멸종

　대숲이 늘씬한 허리를 굽혀 바람과 맞서는 건 견디기 위해서가 아니다
　소슬하게 우는 푸른 음색은 단 한번 나타났다 사라지는
　물살의 거센 움직임을 닮았다
　어깨를 낮춘 사람들이 빠르게 이동하는 거리 한켠 낮게 출렁이는 바다
　자동차 불빛이 빗금으로 힘을 받는 대숲의 허리를 타고
　투명한 빙어 떼처럼 날아오른다

　내가 사랑했던 것들이
　빗방울에 용해되어 천지에 난사된다
　생의 모든 순간을 단번에 탄주하는 바람
　대숲의 휘어짐에 따라 내 몸은
　그 어떤 만선의 기쁨보다 벅차게 도로 위를 떠다닌다
　온몸을 떼미는 힘에 의해
　스스로에게서 빠져 나오는 자유를 얻는 건
　원시적부터 몸이 기억하고 있는 유일한 본능이다
　대숲이 허리를 세우고
　하늘이 바다 아래로 흘러 지상의 소리를 바꾼다
　처음으로 화답하는 당신의 몸엔 초록 비늘이 단단하다

(현대시, 7월호)

시 작 노 트

시인은 매번 새롭게 발견되는 우주의 원주민이고자 노력한다. 사물과 합일하는, 사물들의 들리지 않는 소리를 듣고 냄새를 맡는 방식으로 시인은 우주의 개체들이 한 순간 일원화하는 지점을 상상한다. 꿈꾸기의 방식으로 발화하는 시는 가능태로 놓여 있는 미래의 홀씨들을 오로지 자신만의 상상으로 완성한다. 그 완성은 결국 실패다. 단지 시의 형태로 발신되는 한 알의 소리가 있을 뿐이다. 그 미미한 소리가 태초의 범람을 재현한다. 시인은 그 범람의 조장자이자 최후의 사망자이다.

강 정 1971년 부산 출생. 1992년《현대시세계》로 등단. 시집으로 『처형극장』 『들려주려니 말이라 했지만』과 문화비평집 『루트와 코드』가 있음.

가방 속 하루살이

여행 가방을 열었더니
하루살이 떼가 뿌옇게 날아올랐다
하, 신기하여
가방 속을 샅샅이 뒤져보니
언제 넣었는지 알 수 없는 귤 하나
짓눌려 터져 있었다
바로 너였구나!

부패하는 달콤한 시간 속에
알을 까고
알에서 부화하고
날개가 자라고
캄캄 옥獄에 갇혔다가
드디어 대명천지로 뿌옇게 날아 나온
탈옥자들

터진 귤을 꺼내 버리고
여행 가방을 들여다보며 생각한다
밀봉된
생명의 산실産室,
잔인한

시간의 옥獄을
끙끙 짊어지고 다니다니

아무것도 모른 채
그렇게 짊어지고 다니는 동안
한 생生을 다아 꽃피우다니……

(애지, 여름호)

고 진 하 강원 영월 출생.《세계의 문학》으로 등단. 시집으로『프란체스코의 새들』『우주 배꼽』『얼음 수도원』『수탉』등이 있음. 김달진문학상 수상.

고형렬

경호원 K

30대 경호원은 늘 빠르고 간결하다
경호원의 철학은 '간단' 이다
그의 걸음걸이는 늘 한쪽으로 기울었다
경호원 몸속엔 권총이 있다
그 권총이 자신의 유일한 노리개다
잠자리에서 그는 작은 여자에게
검은 권총을 만져 보라고 꺼내 보인다
손바닥에 들어오는 독일제 권총
총알은 약실에 박혀 있다고 말한다
한 방이면 끝이라고 중얼거린다
그럴 때, 권총은 남자 같다
그는 그녀 존재를 잊지 않는다 그에게
그녀는 울타리에 떠오르는 아침 해다
여름 내내 향수내가 은은하다
경호란 순식간의 본능적 감각이며
상대의 화약내를 먼저 맡는 후각이라고
노을을 본다, 피 같고 꽃 같다
그는 위기와 경계가 있는 남자가 좋다
아니 그 속에 숨은 노란 딱지의 실탄
어떤 불립문자나 암호 같은

그는 그 생각을 하면 정말 경호원 K의
존재를 깨닫는다, 문득 문득
그는 경호원을 무지개처럼 쳐다본다
매일 저녁, 나무처럼 기다리면
인생은 아침 같고 저녁 같다는 걸 안다
여자는 그러나 행복하다
항상 립스틱을 하고 머리를 손질한다
머리를 짧게 잘라 귀를 내놓은 그녀
뇌리를 지나가고 있는 진행형의 총알
때론 지루한 장난감이라도
경호원의 생은 권총의 무게감이 있다
한 공간을 뚫고 가는 단 한방의
경호원 K의 마지막 총알을 생각해본다
경호원 K의 방아쇠를 생각해본다
경호원 K의 권총에선 별 냄새가 난다

(현대문학, 12월호)

시 작 노 트

「경호원 K」가 발표되고 중국에서 전화가 왔다. 그 경호원 케이로 영화를 만들자고. 나는 껄껄 웃었다. 뭘 그런 걸 가지고 영화를 만드느냐고. 경호원에 대해 아는 것이 없는 나는 내가 30대 경호원 같다는 생각이 들었다. 살다 보니 해가 지는 쪽으로 가고 있는 내가 어느 날 본 노을의 이미지였다. 멀찌기에서라도 경호원 K가 보고 싶다. 절대 간섭하진 않겠다.

고 형 렬 1954년 전남 해남 출생. 1979년 《현대문학》으로 등단. 시집으로 『대청봉 수박밭』 『성에꽃 눈부처』 『김포 운호가든 집에서』 등이 있음.

엉엉 울며 동네 한바퀴

지난 겨울 폭설에 잎이 하얗게 질려 말라죽은
시골집 뒤꼍 대밭이 버려진 독거노인 머리 같이 서럽다
저렇게 꼿꼿한 것을 부드러운 것이 이기는구나
평생 아는 것이 뱀 구멍과 마누라 거시기 구멍뿐이었다는
뱀통 메고 장화 신고 산기슭 떠돌다 벼락 맞아 죽은
잡목이 정수리에 박혀 있는 땅꾼의 버려진 산소가 쓸쓸하다
친구도 친구 자식도 다시는 돌아올 일이 없을 것 같아
울먹해지는 이민 간 친구의 홀아버지는 부엌과 헛간에
소나무와 참나무 장작을 반듯하게 쌓아 놓자마자
병을 얻어 읍내에서 하급 공무원 하는 큰아들 집으로 가고
마루에는 바람이 흙먼지와 가랑잎을 몰고 다니며 논다
개울 건너 경순네 빨간 함석지붕은 헐려 보이지 않고
지초실 종기네 옛집도 눈이 흐려 분간할 수가 없다
시골 교회 사모님은 도시로 떠나고 싶다는 소문이 돌고
면 소재지에 젊은 여자의 팔 할이 다방 아가씨란다
그중에 하나는 겉늙은 내 시골 동창과 살다가 도망쳤고
방앗간네는 며느리 셋을 다방 아가씨로 맞았는데 모두 나갔단다
소고개 넘어 스님 하나에 보살이 셋이나 되는
된장 고추장을 많이 담아 장독이 많은 새 절 법당에는
벌써 죽은 시골 동창의 사진이 옛날처럼 웃고 있다
작년 가을 고추밭 두렁에서 식구처럼 받아왔다는

집벌통에 꿀벌이 분주한 재당숙네 마당을 지나
오십 초반에 폐가 무너진 아버지가 마루 끝에 쪼그려 앉아
쿨럭쿨럭 기침하다 뱉어 낸 가래침을 닭들이 몰려와
맛있게 주워 먹던 옛집 마당에 파도처럼 쓰러진 망초꽃대를
밟아보다가 쥐똥과 새똥이 범벅된 헌 마루에 앉아서
바라보다가 나도 도라지 밭가에 누운 아버지 나이가 되려면
십년도 남지 않았다는 생각을 하다가 아직 어린 아이들을
생각하다가 이내 내가 서러워져 마음이 엉엉 운다

(실천문학, 겨울호)

시 작 노 트

나는 서울 돈암동 판자촌에서 태어나고 홍성에 내려가 잠시 살았지만, 고향은 충남 청양군 남양면 대봉리 속골이라는 동네다. 5대조 할아버지가 부여에서 살다 집에 불이 나는 바람에 처가인 이곳에 옮겨 살기 시작했다고 한다. 어려서는 부여 어느 둔덕으로 조상의 참초를 하러 가서 하얀 백마강을 내려 보던 기억이 난다. 한 때는 30여 집, 지금은 15여 집인 속골은 옛 문서를 보면 우구 牛口로 표기되어 있다. 두 해 전에는 내가 우파유거牛坡幽居라는 바위에 새겨진 암석문을 발견하고 흥분하기도 했다. 동네 입구에 정자나무라고 불리는 큰 느티나무가 서 있는데, 그 옆에 빨간 양철로 된 함석지붕을 인 흙집이 우리 집이다. 남서향 집이지만 동네에서는 가장 명당이다. 집 뒤에는 푸른 대나무밭이 둘러 있다. 그러나 두세 해 전에 폭설로 대나무밭이 허옇게 죽었다가 다시 살아나고 있다. 이러한 심상으로 시작되는 이 시는 시골의 비극적 정황을 그대로 드러낸 것이다. 시에 등장하는 인물이나 사건은 내가 경험한 것이거나 시골에 내려갈 때마다 보고 들은 것이다. 고향에 혼자 사시던 어머니가 지금은 내가 사는 일산에 올라와 암 투병 중이다. 어머니의 모습이 몰락해 가는 고향 같고 농촌 같아 서럽다.

공 광 규 1960년 출생. 1986년 《동서문학》으로 등단. 시집으로 『대학일기』『마른 잎 다시 살아나』『지독한 불륜』『소주병』과 연구서 『신경림 시의 창작방법 연구』가 있음.

질 — 改作

어머니는, 옷은 떨어진 걸 입어도 구두
만큼은 비싼 걸 신어야 한다 아버지는, 소고기는
몰라도 돼지고기만큼은 최고 비싼 질을 먹어야 한다
그렇다 화장하다 만 듯 사는 친구는, 생리대만은 최고급이다
먹는 입 싸도 칫솔에만큼은 돈을 아끼지 않는,
누구는 귀를 잘라 팔지언정 음악만은 기어이 좋은 걸 쓴다.
다들 세상의 단 하나쯤은 질을 헤아리니
그렇다 라일락꽃들의 불립문자 탁발의 봄밤 혹은 청색
다도해의 저녁 일몰이야말로 아니다 연애야말로 삼각
관계야말로 진정 질이 전부이다 고난이야말로 매혹의
우단 벨벳 검은 미망인 기품으로
잘 지어 입혀야 한다 몸이야말로 시계를 꺼낼 수 없는 곳
영혼이든가? 기도야말로
그렇다! 품종이 좋은 하늘을 써야 한다 관건은,
가장 비싼 것 하나쯤엔 서슴없이 값을 치루니 귀함이 가장
싼 셈, 숨만큼은 정말 제대로 비싼 값을 치루는 것

다 쓴 이쑤시개처럼 봄햇빛들 쏟아지는
오후
싸구려 프라스틱 용품들 한없이 늘어놓아지는 봄길에

값이여 말 자꾸 많이 하지 말아라

(현대시학, 6월호)

시 작 노 트
가끔 발을 헛디딜 때가 있다. 그럴 때마다 질 좋은 고급 구두에 대해 생각한다. 하지만 구두만이 아니다. 질 좋은 걸 써야 할 게 너무 많다. 결국 모든 걸 뭉뚱그린 〈삶〉이란 단어 하나를 가장 질 좋은 걸 쓰면 된다. 그걸 위해 〈삶〉에 가장 비싼 값을 치루는 것, 당연하고도 가장 제대로 된 구매일 텐데 늘 우리는 좀 깎아 달라고 중얼대고…….

김 경 미 서울 출생.《중앙일보》신춘문예로 등단. 시집으로『쓰다만 편지인들 다시 못 쓰랴』『이기적인 슬픔들을 위하여』『쉬잇, 나의 세컨드는』등이 있음. 노작문학상 수상.

우주로 날아가는 방 5

— 창문은 멸종하지 않기를 바란다

창문 1

형은 그림을 포기하고 마을버스를 운행한다고 편지를 보내왔다 똥구멍이 붙은 채 골목에서 낑낑거리는 개들을 향해 사람들은 바가지로 뜨거운 물을 부었다 나는 걸레로 기르던 개의 눈을 닦아 주었다 입에 녹색 테이프를 붙인 소녀들이 밤이 되어도 멈추지 않고 고무줄을 뛰어넘었다 허공에서 조금씩 몸이 사라져 갔다 새끼를 가진 박쥐들이 낮인데도 입을 벌리고 날아 다녔다

창문 2

골방에만 틀어 박혀 있던 처녀 보살이 집 밖으로 나온 적도 있었다 의자에 앉아 느리게 담배를 피우며 온종일 그녀는 자신의 겨드랑이 냄새를 맡았다 집을 창문으로 들어갔다가 창문으로 나오는 사내가 있다는 소문이 동네에 돌기 시작했다 목화향이 나는 삼층집에선 밤마다 종이비행기를 날리던, 가는 손목이 오늘은 창문에 가지처럼 걸쳐 있다

창문 3

밤이 되자 젊은 신부가 창문에 얼굴을 갖다 붙이고 인간의 방들

로 흘러 들어가는 꿈을 바라본다 아버지 나를 버리지 말아라 수녀가 거리에서 죽은 성자의 입안에 자신의 팬티를 벗어 넣어 준다 신부와 수녀가 안고 잠드는 푸른빛의 방에서 밤마다 고양이 같은 울음이 들려온다 나는 입을 틀어막고 형의 그림을 바라보았다 늙은 어머니들이 창문에 입김을 불어 손가락으로 구구단을 쓰고 있다 얘야 나는 이제 구구단도 잘 외운단다 아버지 나를 버리지 말아라

창문 4

114를 누르고 누군가 구조 요청을 한다 114를 누르고 누군가 정말 미안해요 라고 한다 114를 누르고 누군가 우주선이 오고 있다고 한다 114를 누르고 누군가 우린 꼭 한번은 만나야 한다고 운다 114를 누르고 조금만 대화하자고 한다 114를 누르고 누군가 우리 이제 서로의 얼굴을 평생 볼 수가 없어요 라고 한다 114를 누르고 누군가 이 도시가 참 그래요, 라고 한다 114를 누르고 벙어리가 제 이름을 몇천 번씩 부르며 연습한다 114를 누르고 누군가 얼굴 없는 울음을 조용히 보낸다 지금 저쪽에서 기록되고 있을 통화 내역을 믿으며 제 울음의 화석을 만들기 위해 조용히 어둠 속에서 114를 누르는 창문

창문 5

멸종하고 있다는 것은 어떤 종의 울음소리가 사라져 간다는 것이다 나는 멸종하지 않을 것이다

(현대문학, 12월호)

시 작 노 트
남산에 올라가 서울의 가물거리는 수많은 불빛을 바라 본 적이 있다. 지상의 모든 불빛은 밤이면 사람들이 찾아 기어들어 가는 구멍이라는 것을 그때 알았다. 그리고 내겐 그 구멍 하나가 없었다. 지구에서 태어나 구멍 하나 갖는다는 것. 이후로 세상에 작은 구멍을 하나씩 가질 때마다 밤이면 집을 빠져 나온 방房들이 우주로 둥둥 날아가기 시작했다

김 경 주 2003년《대한매일》신춘문예로 등단. 2005년 대산창작기금 수혜.

뱀소년*의 외출

1
누가 어미의 장사를 지내 줄 것인가 누가
어미의 육체를 장엄하게 썩게 할 것인가
내 갈라진 혀는 여태도 길고 사나우니
내 날카로운 독니로 찢고 발긴
어미의 살점은 또 어느 허공에 뿌려질 것인가

어미이기도 하고 어미가 아니기도 한
아들이기도 하고 아들이 아니기도 한
암소이기도 하고 수소가 아니기도 한
이 질긴 슬픔의 끄나풀을 누가 끊을 것인가

2
무릎이 까진 채 버려진 나무 아래
오누이가 울고 있다 울면 안 돼
울면서 오라비는 우는 누이의 뺨을 때린다
돌아오지 않아 아무도 영원히
오누이의 눈물방울들이 무거운 공기 안에 멈춘다
쉭쉭거리며 나는 혓바닥을 내밀어 눈물을 맛본다
암염처럼 딱딱한 눈물방울들
사라지는 것은 하나도 아프지 않은 거란다

내 몸의 모든 비늘이 가늘게 떨린다
비늘이 고요해지자 나는 오누이를 긴 몸통으로 휘감는다
몸통 안에서 오누이가 으스러진다 으스러져 한데 엉긴다
사라지는 것은 그저 비늘처럼 적막해지는 일일 뿐

무릎이 까진 채 버려진 나무처럼
나는 우는 법을 모른다
긴 몸을 풀었으나 오누이가 보이지 않는다

3
태를 묻지 못했으니 고향도 없다
몇 차례 허물을 벗었는지는 잊었다
허물을 벗어도 허물 안의 기억은
허물 바깥에서 사라지지 않는다
어느 것이 허물 안의 기억인지
어느 것이 허물 바깥의 기억인지
알 수 없다 나는 안인가 바깥인가
몇 차례 허물을 태우면서
한때 번들거렸으나 이제 푸석해진
한 生이 지글지글 타는 냄새를 맡으면서
나는 삶인가 죽음인가

이승인가 저승인가
돌 하나 붙박힌 채 꿈쩍도 하지 않았다
거기가 돌의 고향인지는 묻지 않았다

4
주름 자글자글한 소녀를 만난 적 있지
어제가 오늘과 살짝 옷을 바꿔 입는 구멍 앞에서
그 늙은 소녀가 자꾸 풀을 꺾는 것을 지켜보았어
나는 풀들의 꺾인 뼈를 맞추며
늙은 소녀와 내가 아기를 낳으면
뱀이기도 하고 소년이기도 한
할미이기도 하고 소녀이기도 한
아기가 태어날지 궁금했다구

저녁이 한번 부르르 진저리를 쳐
긴 몸통에서 새빨간 성기를 꺼내 나는 오줌을 갈기지

길이 풀어지고 풀어진 길을 거슬러 늙은 소녀가
휘이휘이 구부러진 허리로 걸어와
이 길은 주름이 너무 많아 네 성기처럼
나 늙은 소녀의 늘어진 살가죽을 벗겨 내

벗겨도 벗겨도 늙은 소녀는 늙은 소녀야

5
몸을 벗고 말을 벗고 어미가 누워 있네
나는 어미를 모르네
모든 사라지는 것들은 다 어미네

뻣시디 뻣신 띠풀을 뽑아내
어미를 지고 나는 거기로 미끄러져 들어가네

여기도 아니고 저기도 아니네 몇천 년 미끄러지네

누군가 구멍으로 거기를 들여다보네
말이 아니라 비로소 그가
내 몸에 새겨진 무늬를 읽어 나가네

* 蛇福不言(《삼국유사》의해편). 사복(蛇福)은 사복(蛇伏), 사파(蛇巴) 혹은 사동(蛇童)으로 불리나 모두 '뱀아이'다. 그가 뱀의 형상을 하고 있었는지는 《삼국유사》에서 확인되지 않는다.

(문예연구, 여름호)

시 작 노 트

내 시간에는 마디가 많다. 그러나 내 시간은 결코 규칙적인 리듬으로 흘러가진 않는다. 자주 마디마디 틈이 생기고 벌어진다. 그 틈으로 불규칙적이고 울퉁불퉁한 시간이 자꾸 끼어든다. 전혀 다른 시간이다. 거기에는 내가 전혀 체험해 보지 않은 시간들도 포함되어 있다. 이전의 시간은 끝났으나 아직 새로운 시간이 시작되지 않은, 시간의 마디와 마디 사이로 자주 나는 마실 나간다. 과거나 현재, 미래가 경계를 허물고 내게로 온다. 그럴 때 뱀도 소년도 제 이름을 벗어버리고 내게로 온다.

김 근 1973년 전북 고창 출생. 중앙대 문예창작과 졸업. 1998년《문학동네》신인상으로 등단. 시집으로『뱀소년의 외출』이 있음.

오토바이와 개

오토바이에 달린 개줄에 끌리어 개 한 마리
오토바이 따라 달려간다.
두 바퀴와 네 다리가 조금이라도 엇갈리면
개줄은 가차 없이 팽팽해지고
그때마다 개다리는 바퀴처럼 땅에 붙어서 간다.
속도가 늘어나도 바퀴는 늘 한 가지
둥근 모양인데
개다리는 네 개에서 여덟, 열여섯……
활짝 펼쳐지는 부챗살처럼 늘어난다.
사정없이 목을 잡아당기는 개줄에 저항하면
네 다리는 갑자기 하나가 되어
스파크를 일으키며 아스팔트에 끌린다.
아무리 달려도 서 있을 때처럼 조용한 바퀴 옆에서
심장과 허파를 다해 헐떡거리는 다리.
오토바이 굉음 소리에 빨려 들어가는 헐떡거림.
아무리 있는 힘을 다해 종종거려도
도저히 둥글어지지 않는 네 개의 막대기.
느슨해지자마자 팽팽해지는 개줄.

(문학과사회, 가을호)

김 기 택 1957년 경기 안양 출생. 1989년《한국일보》신춘문예로 등단. 시집으로 『태아의 잠』『사무원』『소』 등이 있음. 김수영문학상, 현대문학상 등 수상.

봄밤

　나 죽으먼 부조돈 오마넌은 내야 도야 형, 요새 삼마넌짜리도 많던데 그래두 나한테는 형은 오마넌은 내야도야 알었지 하고 노가다 이아무개(47세)가 수화기 너머에서 홍시 냄새로 출렁거리는 봄밤이다.

　어이, 이거 풀빵이여 풀빵 따끈할 때 먹어야 되는디, 시인 박아무개(47세)가 화통 삶는 소리를 지르며 점잖은 식장 복판까지 쳐들어와 비닐 봉다리를 쥐어주고는 우리 뽀뽀나 하자고, 뽀뽀를 한 번 하자고 꺼멓게 술에 탄 얼굴을 들이대는 봄밤이다.

　좌간 우리는 시작과 끝을 분명히 해야여 자슥들아 하며 용봉탕집 장 사장(51세)이 일단 애국가부터 불러제끼자, 하이고 우리집서 이렇게 훌륭한 노래 들어보기는 츰이네유 해싸며 푼수 주모(50세)가 빈 자리 남은 술까지 들고 와 연신 부어대는 봄밤이다.

　십이마넌인데 십마넌만 내세유, 해서 그래두 되까유 하며 지갑들 뒤지다 결국 오마넌은 외상을 달아놓고, 그래도 딱 한잔만 더, 하고 검지를 세워 흔들며 포장마차로 소매를 서로 끄는 봄밤이다.

　죽음마저 발갛게 열꽃이 피어
　강아무개 김아무개 오아무개는 먼저 떠났고

차라리 저 남쪽 갯가 어디로 흘러가
칠칠치 못한 목련같이 나도 시부적시부적 떨어나졌으면 싶은

이래저래 한 오마넌은
더 있어야 쓰겠는 밤이다.

(현대시, 6월호)

시 작 노 트

　항주 서호변의 봄 버드나무들을 잊지 못한다. '얼굴로 꽃을 받으며 땅에 누워 술을 마셨다〔以面受花 臥地上飮〕'고 적고 있는 원중랑의 허세가 실은 꽤 독한 슬픔의 일종이라고 나는 생각한다. 아름다운 이들이 기별도 없이 문득 하나씩 떠난다. 그래도 무방한 모양이다.

김 사 인 1956년 충북 보은 출생. 1982년《시와경제》로 등단. 시집으로『밤에 쓰는 편지』가 있음. 신동엽창작기금 수혜, 현대문학상 수상. 현재 동덕여대 문예창작과 교수.
silentin@dongduk.ac.kr

수묵 산수

저물 무렵
가창오리 떼 수십만 마리가
겨울 영암호 수면을 박차고
새까만 점들로 날아올라선
한바탕 군무를 즐기는가
싶더니

가만,
저희들끼리 일심동체가 되어
거대한 몸 붓이 되어
저무는 하늘을 화폭 삼아
뭔가를 그리고 있는 것 아닌가
정중동의 느린 필치로 한 점
수묵 산수를 치는 것 아닌가.

제대로 구도를 잡으려는지
그렸다 지우기를 오래 반복하다
一群의 細筆로 음영까지를 더하자
듬직하고 잘생긴 산 하나
이윽고 완성되는가
했더니

아서라, 畵龍點睛!
기다렸다는 듯 보름달이
능선 위로 떠올라
환하게 낙관을 찍는 것 아닌가.

보아라,
가창오리 떼의 군무가 이룩한
자연산 걸작
고즈넉한 남도의 수묵 산수 한 점은
그렇게 태어나는 것이다.

(현대시학, 5월호)

시 작 노 트

    영암호는 바다를 막아 생긴 거대한 호수로 몇 년 전부터 남도의 유명한 철새 도래지가 되었다. 나는 가끔씩 그곳에 낚시를 드리우고 저물도록 가창오리 떼들의 군무를 감상하곤 했다. 수십만 마리의 그것들이 단 한번의 이탈이나 추락이 없이 일사불란하게 움직이는 힘이 무엇일까를 생각했다. 그것들이 한 덩어리가 되어 가락을 만들고, 신명나는 춤을 추고 드디어는 거대한 몸 붓이 되어 저무는 하늘을 배경으로 한 점 수묵 산수를 칠 수 있는 비밀은.

김 선 태 1960년 전남 강진 출생. 1996년『현대문학』으로 등단. 시집으로『동백숲에 길을 묻다』등과 평론집『풍경과 성찰의 언어』가 있음. 현재 계간《시와사람》편집위원, 목포대 국문학과 교수.

유령-되기

그 사이 나는 아프고 늙지는 않았어요
그날의 햇살과 눈부신 의심 속에서

내가 유령인 것은 중요하지 않아요
내가 어느 시대를 살고 있느냐, 그게 문제겠지요

그렇다면 얼굴이 생길 때도 되었는데
얼굴 다음에 표정이 사라집니다
윤곽이 사라진 다음에 드디어 몸이 나타났어요
내 몸이 없을 때 더없이 즐거운 사람

그 얼굴이 깊은 밤의 명령을 내린다면
누군가는 '아프다' 고 명령할 겁니다
그날의 태양과 눈부신 의심 속에서

감정의 동료들은 여전히 집이 되기를 거부하지요
돌, 나무, 사람들의 데모 행렬엔 한 사람쯤
흘러 다니는 내가 있어요

허공과 바닥을 섞어 가며
흙발과 진흙발을 번갈아 가며

공기가 움직일 때 나도 따라 걷는 사람

그가 유령인 것은 중요하지 않아요
다만 어느 시대를 살고 있느냐가 문제겠지요
나는 중요하지 않아요

(현대시, 4월호)

시 작 노 트

   말하자면 이런 것이다. 내 생각이 가장 중요하지만, 나는 중요하지 않다는 것. 내 생각도 그저 묻어가기 위해서 걸어 다닌다는 것. 그는 사람이지만, 사람의 나이와 함께 유령의 걸음걸이가 차츰 몸에 익는다. 그는 어디서도 표 나게 울지 않는다. 목청을 높이지만, 그것은 빌딩이나 문명 이상의 높이를 가지지 않는다. 그는 섞인다. 유령과 함께. 꼭 장송곡이 흘러나오는 장소일 필요는 없다. 아주 흔한 장소에서도 그는 발견된다. 환한 대낮에도 햇살에 섞이거나 사람에 섞여서 흘러 다닌다. 그는 사소하지만, 타고난 시대를 비껴갈 만큼 희미하지는 않다. 그는 단단한 자존심을 가졌지만, 타고난 시대를 무시할 만큼 대단한 존재는 아니다.
   아는 사람보다도 죽은 사람이 더 많은 거리를 어느 순간 그가 걷고 있다. 그런 그를 뭐라고 지칭하겠는가. 너의 손가락도 유령처럼 희미하고 또 아플 때.

김 언 1998년 《시와사상》으로 등단. 시집으로 『숨 쉬는 무덤』 『거인』 등이 있음.

지워지는 슬픔

전깃줄에 새들이, 어두워지는 시간에, 더욱더 어두워지면서, 하나씩 지워지고

지워진 그 자리에는 슬픔, 지워지고

(시조세계, 겨울호)

시 작 노 트
지울 수 있는 것은 많다. 지울 수 없는 것은 더 많다.
슬픔이 지워질 수만 있다면 얼마나 행복할까.

김 영 재 전남 승주 출생. 1974년 《현대시학》으로 등단. 시집으로 『오지에서 온 손님』
『화엄동백』『겨울별사』『다시 월산리에서』『참나무 내게 숯이 되라네』 등이 있음. 중앙시조대상, 월간문학 동리상 수상.

가을 숲에 들다

숲은 그 입구부터 가파르다
골짜기는 과감하게 길을 내어 준다
나무들 재빠르게 옮겨 앉는 모습 포착된다
서로의 전열을 가다듬어
한 발짝 한 발짝 숲으로
치고 들어가 산을 통째로 쓰러뜨린다
지고 왔던 산을 바지게째 벗어 놓고
오리나무 숲은 산 하나를 새로이 짠다
그들이 치는 망치 소리가 텅텅텅 저 밑에서
계곡 위로 밀어 올린다
한동안의 고요가 딛고 간 후
대지는 팽팽하게 조여지고,
나무들 하늘로 쏘아 올린다
내 느슨한 어깨와 허리도 함께 조여진다
가을 산을 오르며
숨이 감퍼 오는 것은,
나무들이 산을 힘껏 조이기 때문이다
졸참나무와 싸리나무 사이
떠났던 바람도 되돌아와
내 늘어진 어깨 바리바리

나무 등걸 가을 산에 부려 놓는다

(문학사상, 11월호)

시 작 노 트

　가을은 모든 것이 걸어온 길에서 한 발자국 비껴 서는 때이다. 길들도 스스로를 벗어나 새 길에게 길을 내어 주는 때. 가을 숲에 들면 내 느슨한 어깨와 허리도 함께 조여진다. 숨이 감퍼 온다. 산 정상에 닿아 비로소 늘어진 내 어깨 가득 지고 온 나무 등걸 부려 놓는다.

김 완 하 1958년 경기 안성 출생. 1987년《문학사상》신인상으로 등단. 시집으로『길은 마을에 닿는다』『그리움 없인 저 별 내 가슴에 닿지 못한다』『네가 밟고 가는 바다』등이 있음. 현재 한남대학교 문예창작학과 교수. kimwanha@hannam.ac.kr

짐승

겨울 새벽에
일어나
찬물을 마신다

몸속에 순간
숱한 별들이 떴다간
진다

숱한 숱한 행성들이
창조되고
파괴된다

홀로그람인가
백회百會가 열리는가

아니면
또다시 정신병동인가

동틀 때까지
애써 애써서
웬 십구세기 춘화 한 폭을 기억해낸다

아니
몸 안에 진한
진한 색정을 애써 긁어 모은다

별자리에 별 대신
동이 튼다

피가 차츰 따뜻해 온다

아
살았다!

살아 있는 한 그러매
몸은 어찌해도 그저
그저
짐승일 뿐.

잊고 있었구나

하늘로는 아예
나

못 간다

그저 땅일 뿐
그저 몸일 뿐
그저 그저
땅을 기는 네 발 짐승일 뿐

그렇다
짐승!

마침내
몸 안에서 아득히
묘오한 영신의 뿔 하나
동터 온다.

(시와정신, 봄호)

김 지 하 1941년 전남 목포 출생. 1969년 《시인》지로 작품 활동 시작. 시집으로 『황토』『타는 목마름으로』『五賊』『애린』『유목과 은둔』 등과 산문집으로 『예감에 가득 찬 숲 그늘』『김지하 사상전집』『김지하의 화두』『흰 그늘의 길』 등이 있음. 로터스 특별상, 브루노 크라이스키 인권상, 위대한 시인상, 이산문학상, 만해문학상, 대산문학상 등 수상.

착한 개

착한 개 한 마리처럼
나는 네 개의 발을 가진다

흰 돌 다음에 언제나 검은 돌을 놓는 사람
검은 돌 다음에 흰 돌을 놓는 사람
그들의 고독한 손가락

나는 네 개의 발을 모두 들고 싶다, 헬리콥터처럼
공중에

그들이 눈빛 없이 서로에게 목례하고
서서히 일어선다

마침내 한 사람과 그리고 한 사람

(문예중앙, 겨울호)

시 작 노 트

나는 네 개의 다리를 가진 착한 개로서 오늘밤에는 앞발을 들어 자판을 두드리고 있다. 나의 물리적인 자세에 대해 생각한다. 나는 어떤 자세로 밥을 먹고, 전화를 하고, 잠을 자고, 꿈을 꾸는가. 생각할수록 나는 나로부터 멀어져서 아주 먼 당신이 되었다가, 고양이가 되었다가, 개가 되었다가, 풀잎 같은 것이 되기도 한다. 어떤 한 사람은 검은 돌을 놓는 사람이고, 어떤 한 사람은 흰 돌을 놓는 사람이라는 사실이 낯설고, 신비하고, 슬펐던 때가 있었다.

김 행 숙 1970년 출생. 1999년 《현대문학》으로 등단. 시집 『사춘기』가 있음.

장엄 부엌

그들이 또 달을 먹으러 왔다
여자는 달을 먹고, 다달이 배가 불렀다
젖을 짜 넣고 구운 달 위에
하늘나라 박하의 청량한 향을 첨가했다

나는 그의 부엌을 들여다본 적이 있다
흰 옷 입은 요리사들의 은밀한 지저귐
수백 개 통나무 도마 위에서
청둥오리들의 목을 내리치는
폭풍이 휘몰아쳤다
장엄한 부엌이었다

아이를 동반한 손님들이 들어왔다
엄마 엄마 새큼한 별 한잔 마시고 싶어
먹구름을 갈아 만든 음료에
차디찬 별을 띄워 내주었다

나는 그의 부엌을 들여다본 적이 있다
밀가루 구름의 폭풍우가 피어오르고
갓 죽은 짐승의 피가 수챗구멍으로 콸콸 쏟아져 들어가는 가운데

설거지통 속으로 빨려 들어가던
수많은 숟가락, 젓가락, 손가락, 발가락들의 아우성
장엄한 부엌이었다

    밤참을 준비를 할 시간
    달을 팬 위에 깨뜨리자
    달 위에 손톱만한 구멍이 패이더니
    날개가 튀겨질 새떼가 기어 나왔다
    새떼는 밤이 깊어갈수록
    검은 날개를 하늘 가득 펼쳤다
    밤새도록 그것을 구웠다

침 흘리고, 씹고, 핥고, 트림하고, 질경질경하고, 빨고, 맛보고,
마시고, 한시도 쉬지 않고 받아먹고, 삼키고, 건배! 하고 외치고,
더 먹어! 하고, 이봐요! 하고, 여기 한 병 더! 소리치고, 쩝쩝하고,
큭 하고, 끄르륵하고, 캭! 하고

한번도 다물어 본 적 없는 입술처럼
저 밤거리의 양쪽 건물들이
거창하게 열린 채 이 밤을 받아먹는 소리

모두 장엄했다

(시와사람, 가을호)

김 혜 순 1955년 경북 울진 출생. 1979년 《문학과지성》으로 등단. 시집으로 『또다른 별에서』 『달력공장 공장장님 보세요』 등이 있음. 현재 서울예대 문예창작과 교수.

절, 뚝, 절, 뚝,

다친 발목을 끌고 향일암 간다
그는 여기에 없고
그의 부재가 나를 절뚝거리게 하고
가파른 돌계단을 오르는 동안
절, 뚝, 절, 뚝,
아픈 왼발을 지탱하느라
오른발이 더 시큰거리는 것 같고
어둔 숲그늘에서는
알 수 없는 향기가 흘러나오고
흐르는 땀은 그냥 흘러내리게 두고
왼발이 앞서면 오른발이 뒤로,
오른발이 앞서면 왼발이 뒤로 가는 어긋남이
여기까지 나를 이끌었음을 알고
해를 향해 엎드릴 만한 암자 마당에는
동백이 열매를 맺기 시작하고
그 빛나는 열매에는 손도 대지 못하고
안개 젖은 수평선만 바라보다가
절, 뚝, 절, 뚝, 내려오는 길
붉은 흙언덕에서 새끼 염소가 울고
저녁이 온다고 울고

흰 발자국들처럼 산딸나무 꽃이 피고

(내일을여는작가, 가을호)

나 희 덕 1966년 충남 논산 출생. 1989년《중앙일보》신춘문예로 등단. 시집으로 『뿌리에게』『그 말이 잎을 물들였다』『그곳이 멀지 않다』『어두워진다는 것』 등이 있음. 김수영문학상, 김달진문학상, 현대문학상 등 수상.

축제는 계속된다

그날
물이 마른 강 위의 다리를 건너 사원을 향해 걸어갔을 때
긴 혼례 행렬이 다가오고 있었네
흰 면사포를 쓴 신부가 나이 든 남자의 인도에 따라
성문을 지나 서서히 다가오고 있었네
꽃을 든 하객들이 그 뒤를 따르고
하늘엔 날렵한 제비 몇 마리 가로지르고 있었네
어디에도 신랑은 보이지 않았네
죽음으로 가득 찬 폐허의 도시
햇빛에 달구어진 돌들은 뜨거운 열기를 내뿜고
조금씩 거리가 가까워질수록 혼례 행렬은 늘어만 갔네
오 내려쓴 신부의 흰 면사포 밑으로 두 줄기 피가 흘러내리고
활짝 웃고 있는 그녀 아버지 입가에도 피가 맺혀 있었네
대피리 소리 맞춰 춤추듯 걷는 하객들은 하늘 높이 꽃을 던져 올리고
갖가지 짐승 모양으로 장식된 다리 난간에 붙어 서서
나는 기념 사진을 찍었네
그날, 물이 마른 강 위의 다리를 건너
혼례 행렬이 다가오고 있었네
바람 한 점 없는 대기 속을 헤엄치듯 걸으며
나는 어느덧 사람들에게 에워싸이고 말았네

아무리 걸어도 사원은 가까워지지 않고
대피리 소리 더욱 요란스럽게 울려 퍼지고
내 앞의 신부는 서서히 두 손으로 면사포를 들어 올렸네
떨어져 내리는 꽃잎 아래서 환히 미소 짓고 있는 그녀를 보며
나, 전생부터 준비해 온 사랑의 말을 속삭였지만
짧은 순간 그녀를 데리고 혼례 행렬은 다시 멀어져 갔네
하객들이 다 사라진 텅 빈 광장
기념사진에 찍힌 것은 눈부신 햇살과 묵중한 돌벽뿐
검게 파인 그녀의 눈구멍에선 피가 흘러내리고
아득한 시간을 건너 혼례 행렬은 지금도 그 다리 위를 지나고
또 지나고 있네

(문학사상, 1월호)

남 진 우 1960년 전북 전주 출생. 1981년《동아일보》신춘문예로 등단. 시집으로 『깊은 곳에 그물을 드리우라』『죽은 자를 위한 기도』『타오르는 책』등이 있음. 동서문학상, 서라벌문학상, 소천비평문학상, 팔봉비평문학상 수상.

은파

　해가 지면서 저녁 하늘은 재푸른 빛에서 검푸른 빛으로 색깔을 바꾸고 있습니다. 지는 동안 시시각각 변하는 하늘의 빛깔을 표현할 말이 아직도 우리에겐 너무 부족하다는 말에 고개를 끄덕이면서 수평선 까치놀을 바라봅니다

　우리도 저물고 있습니다 저물면서 빛나는 저녁 바다를 우리가 오래 바라보는 이유가 어디에 있는지를 나는 압니다 해도 달도 될 수 있을 것 같던 날들은 그 시절로 충분히 아름다웠습니다 해도 달도 될 수 없지만 횃불이나 등불 또는 밤배에 매달린 어화 중의 하나가 되어 있던 날들도 충분히 아름다웠습니다

　그러니 정형, 내 안의 모든 불을 꺼 버리겠다는 말은 하지 않도록 합시다 저녁에서 밤으로 바뀌는 바다를 바라보며 가만히 어둠의 품에 몸을 맡깁시다 어둠 속에서 다시 달이 뜨고 그 달이 달빛을 바다에 천천히 뿌리는 모습이 보이지 않습니까 미움을 지닌 채 불을 꺼 버리겠다고 하는 건 불을 끄는 게 아닙니다 정말로 불을 끄겠다면 미움 먼저 꺼야 합니다 그러나 정형이 가슴에 품고 다니는 많은 칼 중에 가장 잘 드는 칼을 들어 세상에 대한 미움도 사랑도 다 끊어 버리지 못한다면 조금만 더 달빛을 바라봅시다

　달빛도 등불도 될 수 없는 날엔 달빛을 받아 은빛으로 반짝이는 은물결의 하나라도 됩시다 방파제의 등불을 받아 안고 출렁이는 금물결이라도 되어 이 조그만 항구에서 철썩이다 갑시다 이것은 이것대로 얼마나 아름답습니까 은결도 금결도 될 수 없는 날엔 조

그만 물결 소리라도 되어 함께 이 어둠 속에 있읍시다 듣는 이는 듣고 보는 이는 보고 그도 저도 없는 날엔 우리끼리 손을 잡고 조용히 저물면서 이 바닷가에 있읍시다
　다만 불을 꺼 버리겠다는 말은 하지 맙시다 이 세상 모든 파도와 물결이 그랬듯이 조용히 견디며 있읍시다 이 어둠의 끝에서 다시 먼동이 트면서 동살이 비친다면 그것도 고마운 일이지만 끝내 이 어둠과 함께 사위고 만다 해도 실망하지 맙시다 우리에게 어제만 있고 내일은 없을지 모른다는 걱정은 하지 맙시다 어제와 오늘까지 내 온몸을 불태워 살았으면 그것만으로도 잘 산 것입니다 내일은 내일 오는 이에게 맡기고 지금은 어두워서 더욱 빛나는 은파와 함께 있읍시다 상처받은 몸도 다친 마음도 물결로 씻으며 은결 위에 몸을 얹어 놓고 하현달이 수평선을 다 넘어갈 때까지 함께 이 바닷가에

(문학수첩, 봄호)

시 작 노 트

친구들과 저무는 저녁 바다에 갔습니다. 우리도 저물고 있다는 걸 압니다. 그동안 상처도 많이 받았고 그래서 마음도 성한 데가 없다는 걸 서로 잘 압니다. 아직도 세상에 대한 서운함이 남아 있는 친구는 아나키스트가 되겠다고 하였습니다. 그러나 우리가 저물고 있다는 걸 받아들이는 일이 필요합니다. 어떤 사람의 생도 늘 빛나는 정오일 수만은 없습니다. 저물면서 저녁에서 밤으로 가는 바다를 오래 바라보았습니다. 바다는 어둠을 조용히 받아들이면서 아름답게 지워지고 있었습니다.

도 종 환 충북 청주 출생. 시집으로『고두미 마을에서』『접시꽃 당신』『사람의 마을에 꽃이 진다』『부드러운 직선』『슬픔의 뿌리』등이 있음. 신동엽창작기금. 민족예술상 등 수상.

캄보디아 저녁

천 년을 산 나비 한 마리가
내 손에 지친 몸을 앉힌다.
천 년 전 앙코르와트에서
내 손이 바로 꽃이었다는 것을
나비는 어떻게 알아보았을까.

그해에 내가 말없이 그대를 떠났듯
내 몸 안에 사는 방랑자 하나
손 놓고 깊은 노을 속으로 다시 떠난다.
뜨겁고 무성하고 가난한 나라에서
뒤뜰로만 돌아다니는 노란 나비.

흙으로 삭아 가는 저 큰 돌까지
늙어 그늘진 내 과거였다니!
이제 무엇을 또 어쩌자고
노을은 날개를 접으면서
자꾸 내 잠을 깨우고 있는가.

(현대문학, 11월호)

마 종 기 연세대 의대, 서울대 대학원 졸업. 1959년 《현대문학》 추천으로 등단. 시집으로 『조용한 개선』 『두 번째 겨울』 『변경의 꽃』 『안 보이는 사랑의 나라』 『모여서 사는 것이 어디 갈대들 뿐이랴』 『그 나라 하늘빛』 『이슬의 눈』 『새들의 꿈에서는 나무 냄새가 난다』와 산문집 『별, 아직 끝나지 않은 기쁨』 『문학과 의학』 등이 있음.

아랫도리

신생아들은 보통 아랫도리를 입히지 않는다
대신 기저귀를 채워 놓는다
내가 아이를 낳기 위해 수술을 했을 때도
아랫도리는 벗겨져 있었다
할머니가 병원에서 돌아가실 때도 그랬다
아기처럼 조그마해져선 기저귀 하나만 달랑 차고 계셨다
사랑할 때도 아랫도리는 벗어야 한다
배설이 실제적이듯이
삶이 실전에 돌입할 때는 다 아랫도리를 벗어야 된다

때문에 위대한 동화 작가도
아랫도리가 물고기인 인어를 생각해 내었는지 모른다
거리에 아랫도리를 가린 사람들이 의기양양 활보하고 있다
그들이 아랫도리를 벗는 날은
한없이 곰상해지고 슬퍼지고 부끄러워지고 촉촉해진다
살아가는 진액이 다 그 속에 숨겨져 있다

신문 사회면에도
아랫도리가 벗겨져 있었다는 말이 심심찮게 등장하는 걸 보면
눈길을 확 끄는 그 말속에는 분명

사람의 뿌리가 숨겨져 있다

(현대시, 9월호)

시 작 노 트

멀리 있는 풍경이 가까이 올 때가 있다. 그럴 때 시가 된다. 풍경이 앞서서 나를 지휘하며 갈 때 시를 쓰는 사람은 제일 행복한 사람이 된다. 풍경은 그 속에 수많은 시를 숨겨 놓고 여간해선 그것을 보여주지 않는다. 아무리 전후 사방에서 펜촉으로 을러대고 쑤셔 대어도 결코 빗장을 열지 않는 그 앞에서 얼마나 많은 목숨들이 그 앞에서 산문이 되어 갔던가.

문 성 해 1963년 경북 문경 출생. 1998년 《매일신문》 신춘문예와 2003년 《경향신문》 신춘문예로 등단. 시집 『자라』가 있음.

낡은 피아노의 봄밤

누가 이 피아노를 한 번 힘껏 눌렀겠다.
아이들이 자라 스무 살이 훨씬 넘는 동안 또 몇 년
뚜껑 한 번 열린 적 없을 것이다. 피아노 속은 지금
콩나물 대가리가 다시 수북하게 자란 저녁일까 언제나
거실 한 쪽 벽면을 차지한 채 저도 헌 집, 무겁게 내려앉은 피아노는
컴컴한 벽돌 조 양옥 같다. 문턱처럼 걸리거나
저녁노을처럼 걸리는 감정들은 뜰에, 저 서너 개
큰 독에다 묻었겠다. 잘 삭혔을까 어두워진 것처럼 꽉 다문 입,
속은 구린내 나겠지만
흉금이란 그러나 노후에도, 노후해도 썩지 않고 영롱하게 글썽이는 것,
반짝 반짝 올라가 하염없이 공중에 쌓인 소리,
뚜껑 밤하늘엔 별 총총 수심도 많겠다. 명멸, 명멸, 명멸,
사소하게 일일이 다 접으며 또 그렇게
겨울 보냈으리 기나 긴 눈보라 주먹만한 눈발,
피아노는 폭설 창고일까 기쁨이거나 슬픔,
저 목련 폭발 환한 야음이다. 야반도주처럼 훨 훨,
봄날은 또 사정없이 날 새누나. 두 팔 벌려 무너지듯
누가 이 피아노를 한 번 힘껏 눌렀겠다.

(창작과비평, 봄호)

시 작 노 트
낡은 피아노는 오래 묵은 묵음이다.
저 큰 아가리, 꽉 다문 짐승의 이름은 회한이다.

뚜껑 닫힌 피아노에선 기나 긴 소리가 난다, 장엄하다.
아득하게 지나온 뱃자국 같은 것, 그걸
다 거느린 춤인 저 수평선 같은 것,

문 인 수 1945 경북 상주 출생. 1985년 《심상》으로 등단. 시집으로 『뿔』『동강의 높은 새』『훼치는 산』 등이 있음. 김달진문학상, 노작문학상 수상.

극빈 2
— 獨房

칠성여인숙에 들어섰을 때 문득, 돌아 돌아서 獨房으로 왔다는 것을 알았다

한 칸 방에 앉아 피로처럼 피로처럼 꽃잎 지는 나를 보았다 천정과 바닥만 있는 그만한 독방에 벽처럼 앉아 무엇인가 한 뼘 한 뼘 작은 문을 열고 들어왔다 흘러 나가는 것을 보았다

고창 공용버스터미널로 미진 양복점으로 저울집으로 대농 농기계 수리점으로 어둑발은 내리는데 산서성의 나귀처럼 걸어온 나여,

몸이 뿌리로 줄기로 잎으로 꽃으로 척척척 밀려가다 슬로비디오처럼 뒤로 뒤로 주섬주섬 물러나고 늦추며 잎이 마르고 줄기가 마르고 뿌리가 사라지는 몸의 숙박부, 싯달타에게 그러했듯 왕궁이면서 화장터인 한 몸

나도 오늘은 아주 식물적으로 독방이 그립다

(문학사상, 2월호)

문 태 준 1970년 경북 김천 출생. 1994년 《문예중앙》으로 등단. 시집으로 『수런거리는 뒤란』『맨발』 등이 있음. 노작문학상, 미당문학상 등 수상.

角北
— 눈

1
角北에 눈이 왔다, 뿔이 다 젖었다

행여나 귀 밝은 눈이 눈치라도 챌까 보아

햇볕을 조리차하여 언 콧등을 녹인다

그렇듯 한동안은 음각의 풍경 속에

마을도 과수밭도 앞섶을 징거맨 채

안으로 번지는 먹물을 닦아 내는 시늉이다

2
풍경이 다 지워졌다, 백색의 암흑이다

겉장을 뜯지 않은 천연의 공책 한 권

먼데서 경운기 소리가 한 모서릴 찢고 간다

밤새 흐르지 않고 두런대던 골짝물들이

얼결에 생각난 듯 빈 공책을 당기더니

썼다간 찢어 버리고 찢었다간 다시 쓴다

(유심, 여름호)

시 작 노 트
눈 덮인 고샅에 생명이 숨 쉰다. 생명은 뿔과 같은 것이다. 채 물기가 마르지 않은……. 그 '뿔의 북쪽〔角北〕'에 나의 정처가 있다.

박 기 섭 1980년《한국일보》신춘문예로 등단. 시집으로『키 작은 나귀 타고』『默言集』『비단 헝겊』『하늘에 밑줄이나 긋고』등이 있음.

길

그리움과
외로움이
한 말이라 생각나는 날

저 청명한
가을 하늘도
푸른 바다와 한 빛이구나

눈 부셔
눈물 고이는
이 저승의
먼
길이구나

(문학나무, 겨울호)

시 작 노 트
그리움이 내 시의 한 줄기 길이었을까?
그리고 너무 자주 그 길을 걸었던 것은 아니었을까?
어느 청명한 가을날 문득 이런 생각을 하였다.

박 시 교 1945년 경북 봉화 출생. 1970년 《현대시학》으로 등단. 시집으로 『겨울강』『네 사람의 얼굴』(공저)『가슴으로 오는 새벽』『낙화』등이 있음.

박주택

독신자들

어느덧 세월이었다, 눈과 귀를 이끌고 목마름에 서면
자주 가슴속을 드나들었던 침묵은 미처 못다 한 말이 있는 듯
가을을 넘어가고 열매만이 영웅의 일생을 흉내 낸다
저기 바람 불지 않아도 펼쳐지는 시간의 전집은
나의 것이 아니다 마른 잎이 끌리는 심장의 한가운데에서
울려 퍼지는 외침들은 나의 자식이 아니다
나는 다만 말의 잎사귀들이 서로의 몸에 입김을 눕힐 때
지팡이를 짚은 채 넘어가는 해를 바라보았을 뿐
어떤 뉘우침도 빛이 되지 못했다 고독한 문들이 기쁨을
기다리며 소유를 주저하지 않고 나를 다녀간 계절에게
홀로 있음을 눈치채게 하여 업신여김을 받는 동안
시간의 젖은 늘어지고 시간으로부터 걸어 나온 환멸만이
거리를 메운다 어느덧 평화의 수감된 목쉰 주름에 섞여
눈보라치는 밤 결빙의 발자국을 따라가다 언 몸을 녹이는
찻집 허름한 책을 비집고 나온 한 올 연기는
전생을 감아올리다 흰 문장으로 가라앉는다

(문학사상, 2월호)

시 작 노 트

혼자 있음의 어수선함. 궁상 속의 고요. 그리고 침묵. 이 모든 것들은 생이 가져다 준 운명적 불꽃들이다. 그러나, 이것은 순환론적이고도 우연적이어서 턱없지만 귀결적이다. 누가 여름의 더위와 겨울의 결빙을 비켜 갈 수 있겠는가? 누가 아버지의 한숨과 누이와 형들의 깊은 밤을 비켜 갈 수 있겠는가? 무화과나무 그늘에 앉아 흰 구름 흘러갈 때 한 생이 그렇게 저물 수도 있다는 것을 고요가 말해 주고 있지 않는가. 저녁 안개 불현듯 일어서고 있지 않는가.

박 주 택 1959년 충남 서산 출생. 1986년《경향신문》신춘문예로 등단. 시집으로 『꿈의 이동건축』『방랑은 얼마나 아픈 휴식인가』『사막의 별 아래에서』『카프카와 만나는 잠의 노래』와 시론집『낙원 회복의 꿈과 민족 정서의 복원』, 평론집『붉은 시간의 영혼』『반성과 성찰』등이 있음. 현대시작품상, 경희문학상, 편운문학 신인 평론상 수상. 현재 경희대 국문과 교수.

공명共鳴

나뭇잎 날리는 걸 보고 그는
제 마음이 흔들리는 거라 했네

고적히 듣는
저 소리
바람 소린가
물소린가
허공이 우는 소리인가
창 열고 바라보는
밤하늘에
긴 꼬리 그으며
유성이 지네

길게 긋고 가는 차가운 기운
마음속 소리판 울리고 가네

(문학동네, 가을호)

시 작 노 트

겨울 하늘이 꽁꽁 얼어붙어 맑다. 너무 맑고 푸르러 깨어질 듯하다.
바람도 없는데 무슨 소린가가 끊임없이 느껴진다. 밤하늘에 별들 쨍강거린다. 쨍강거리며 반사하는 빛이 애잔하다. 그런 마음은 어디에서 비롯되는 것일까. 그 빛, 그 소리는 태곳적부터 거기에 그렇게 있었을 것인데……

박 찬 전북 정읍 출생. 동국대학교 철학과 졸업. 월간 《시문학》으로 등단. 시집으로 『수도곶 이야기』『그리운 잠』『화염길』『먼지 속 이슬』 등이 있음.

무뇌설법

머리도 없이, 아니
머리 같은 건
애초에 없었다는 듯
풀밭에
태연히 앉아 하안거 들어간
나무아미 돌부처
육욕이 걸러지지 않아
무거운 육신은 지상에 남기고
머리는 하늘로
다 거두어 버렸다고
목 언저리께
푸른 에테르로 가득한
무뇌설법

그의 머리
어디쯤 손을 쑥 질러 넣으면
두부처럼
만져질 듯한 그의 명상들

(시작, 겨울호)

시 작 노 트
　머리 없는 돌부처는 에테르로 가득 찬 허공을 뇌로 삼는다. 그의 생각 속으로 새들이 날아가고 바람이 지나간다. 그의 사유는 이 세계의 전체와 그물처럼 촘촘히 연계되어 있으며, 동시에 어디에도 열려 있다. 마치 시의 경계가 그러한 것처럼.

박 현 수 1966년 경북 봉화 출생. 1992년《한국일보》신춘문예로 등단. 시집으로『우울한 시대의 사랑에게』와 문학이론서『모더니즘과 포스트모더니즘의 수사학』『현대시와 전통주의의 수사학』등이 있음. 현재 경북대학교 국어국문학과 교수.

홍시

뒤뜰에서 홍시가
철퍼덕철퍼덕 떨어지는 밤
아버지 돌아가신 자리에
아버지처럼 누워서 듣는다

얇은 벽 너머
줄 사람도 없는디
왜 자꾸 떨어진데여
힘없는 어머니 음성

아버지처럼
거그, 하고 불러 본다
죽겄어 묻는 어머니 말에
응 나 죽겄어
고개를 끄덕이던

임종 가까운데
자식 오지 않고
뻣뻣한 사족
이불 밖으로 나온 손

가슴에 얹어 주던 어머니

큰방에 누워
뒤뜰 홍시처럼 가슴에
둥글게 주먹 말아 쥐고
마을 가로질러 가는
기차 소리 듣는다

(작가세계. 겨울호)

박 형 준 1966년 전북 정읍 출생. 1991년《한국일보》신춘문예로 등단. 시집으로『나는 이제 소멸에 대해서 이야기하련다』『빵냄새를 풍기는 거울』『물속까지 잎사귀가 피어 있다』『춤』과 산문집『저녁의 무늬』가 있음.

자벌레

 한심하고 무능한 측량사였다고 전한다. 아무도 저이로부터 뚜렷한 수치를 얻어 안심하고 말뚝을 꽝꽝 박거나, 울타리를 치거나, 경지정리를 해 본 적이 없다고 말한다. 딴에는 무던히 애를 썼다고도 한다. 뛰어도 한 자, 걸어도 한 자, 슬퍼도 한 자, 기뻐도 한 자가 되기 위해 평생 걸음의 간격을 흐트러트리지 않았다고 한다. 그러나 저이의 줄자엔 눈금조차 없었다고 한다.
 따뜻하고 유능한 측량사였다고도 전한다. 저이가 지나가면 나무뿌리는 제가 닿지 못하는 꽃망울까지의 거리를 알게 되고, 삭정이는 까맣게 잊었던 새순까지의 거리를 기억해 냈다고 한다. 저이는 너와 그가 닿지 못하는 거리를 재려 했다고 한다. 재면 잴수록 거리가 사라지는 이상한 측량을 했다고 한다. 나무 밑둥에서 우듬지까지, 꽃에서 열매까지 모두가 같아졌다고 한다. 새들이 앉았던 나뭇가지의 온기를, 이파리 떨어진 상처의 진물을 온 나무가 느끼게 되었다고 한다. 저이의 줄자엔 눈금조차 없었다고 한다.
 저이가 재고 간 것은 제가 이룩할 열 뼘 생애였는지도 모른다고 한다. 늘그막엔 몇 개의 눈금이 주름처럼 생겨났다고도 한다. 저이의 꿈은 고단한 측량이 끝나고 잠시 땅의 감옥에 들었다가, 화려한 별박이자나방으로 날아오르는 것이었다고 한다. 별과 별 사이를 재고 또 재어 거리를 지울 것이었다고 전한다.
 키요롯 키요롯— 느닷없이 날아온 노랑지빠귀가 저 측량사를 꿀꺽 삼켰다 한다. 저이는 이제 지빠귀의 온몸을 감도는 핏줄을 잴 것이라 한다. 다 재고 나면 지빠귀의 목울대를 박차고 나가 앞산에 가 닿는 메아리를 잴 것이라 한다. 아득한 절벽까지 지빠귀의 체온을 전할 것이라고 한다.

(현대시학, 9월호)

시 작 노 트

　재면 잴수록 정교하게 저를 가두는 측량이 아니라 재면 잴수록 울타리가 사라지는 측량을 배우고 싶다. 셈이 밝을수록 부분만 갖는 셈법을 버리고, 셈이 어두울수록 전체를 누리는 셈법을 배우고 싶다. 자벌레와 노랑지빠귀뿐이랴, 셈이 어두워 현자가 된 곤충들이여, 새들이여.

반 철 환 충북 청주 출생. 중앙대학교 문예창작학과 졸업. 1992년 《동아일보》 신춘문예로 등단. 시집으로 『뜰채로 죽은 별을 건지는 사랑』 『웃음의 힘』과 시선집 『누나야』, 시평집 『내게 가장 가까운 신, 당신』, 장편동화 『하늘궁전의 비밀』 『지킴이는 뭘 지키지?』 등이 있음. 대산창작지원금 수혜, 서라벌 문학상 수상.

빨랫줄

그것은, 하늘 아래
처음 본 문장의 첫 줄 같다
그것은, 하늘 아래
이쪽과 저쪽에서
길게 당겨 주는
힘줄 같은 것
이 한 줄에 걸린 것은
빨래만이 아니다
봄바람이 걸리면
연분홍 치마가 휘날려도 좋고
비가 와서 걸리면
떨어질까 말까
물방울은 즐겁다
그러나, 하늘 아래
이쪽과 저쪽에서
당겨 주는 힘
그 첫 줄에 걸린 것은
바람이 옷 벗는 소리
한 줄 뿐이다

(현대시학, 11월호)

시 작 노 트
하늘 아래 처음 본 문장의 첫 줄!
바람이 옷 벗는 소리…….

서 정 춘 전남 순천 출생. 1968년《신아일보》신춘문예로 등단. 시집으로 『竹篇』『봄,
파르티잔』『귀』 등이 있음.

얼음 호수

제 몸의 구멍이란 구멍 차례로 틀어막고
생각까지도 죄다 걸어 닫더니만 결국
자신을 송두리째 염해 버린 호수를 본다
일점 흔들림 없다 요지부동이다
살아온 날들 돌아보니 온통 소요다
중간중간 위태롭기도 했다
여기 이르는 동안 단 한번이라도
세상으로부터 나를
완벽히 封해 본 적 있던가
한 사나흘 죽어 본 적 있던가
없다, 아무래도 엄살이 심했다

(현대시학, 6월호)

시 작 노 트
기억단자 속 통점은 시시로 내 생을 공격했다
때로 까무룩 혼절해버리는가 하면
몇 차례의 고비를 넘기기도 했다
한방에서는 火라 했고
노스님은 業이라 했다
물을 가까이하고 물로 다스리라 했다
꼭 그 때문만은 아니지만
둘레가 시오리나 되는 호수를 걷고 또 걸으며
살아온 날의 상처로부터 평안해지기를 간구했다
유년의 기억들을 불사르기 위해 찾았던
갠지스江 화장터와
가족사로 인해 명치끝 여전히 묵묵한
탯자리 井邑이 멀리 있지 않았다
그것들 죄다 지척에 두고
너무 멀리 너무 오래 우회하는 나를 보다 못한 호수가
지난 엄동설한 드디어 죽비를 들었다

한 사나흘 나처럼 죽어봤기나 했니?
염하고 封해 보았니?
…… 엄살 그만 부려!

손 세 실 리 아 1963년 전북 정읍 출생. 2001년《사람의 문학》을 통해 작품 활동 시작.

기지개를 켜다

슬그머니 가려워지는 몸 밖의 온기,

햇살일 줄이야

案山 줄기 따라 가늘게 흔들거리는 하늘과 빨랫줄 사이

눈부시게 펄럭이는 흰 러닝셔츠,

그것이 눈물일 줄이야

지난겨울 동침한 너도 긴 몸살 끝내고 밖으로 나와 허물 벗는구나

가파른 골목길 기어오르는 사내의 여윈 등 뒤에서도

오르르 봄 햇살 몰려와 온몸으로 기지개를 켠다.

(현대시학, 8월호)

시 작 노 트

북아현동 종점과 이대 후문을 잇는 옛 산길이 있다.
이곳은 범행의 장소로 이용되기도 했지만, 내가 사랑하는 곳이다.
좁다란 옛 골목이 보이고 그 아래로 봉원사와 이끼 낀 기와집들이 서로 등을 맞대고 있다.
봄날 아침, 안산 길을 걷다 문득 낯선 한옥집에서 펄럭이는 흰 러닝셔츠에 마음 한켠이 아련해진다.
그대는 저 펄럭임 멈추고 싶겠지? 그리고 날아가고 싶겠지?
사내의 허물을 꼭 붙잡은 가녀린 빨래집게는 내 젊은 날 같다.
푸른 봄날이여, 눈물겹지만 아름답구나. 사내의 등 뒤로 한껏 현기증을 토해 내는 저 눈부신 개나리처럼.

손 정 순 경북 청도 출생. 추계예대 문예창작과와 고려대 대학원 국문과 박사과정 수료. 2001년《문학사상》신인상으로 등단. more-son@hanmail.net

중년

열쇠를 돌리는데 시동이 걸리지 않는다
문득 등을 끄지 않은 채 차에서 내린 간밤의 기억이
몰려온다 낭패, 눈꺼풀도 내리지 않고
정신없이 꿈속을 헤매는 사이 핏기를 잃어버린 내 눈알
어떤 것에 뒤집혀 긴 밤, 긴 생을
후들거리는 다리와 텅 비어 가는 머리도 모른 채
내 헤드라이트는 발광했을 것이다
내가 무언가에 홀려 뚫어지게 바라보는 동안
계절은 가고 주름살은 깊어졌고 흰 머리는
늘어났다 어디로 갔는가 철철 넘치던 팔뚝의 푸른 힘줄은
전류처럼 터져 나오던 생기, 머릿속을 흐르던 생각은
어느 허공으로 날아가 버리고
꺼칠하고 초췌해진 몸뚱이로 내 앞에 쪼그리고 앉았는가
어저께까지도 명품이라 믿었는데
눈 한번 들었다 깜빡해 버린 사이
어떤 것에 취해 이렇게 떠밀려 온
두드려도 가없는 무슨 소리만 내보내고 있는

중년을 일으키려 저기, 정비기사가 달려온다
또 하나의 몸이 부끄러운 듯 마중하러 간다

(현대시학, 10월호)

시 작 노 트

　몰두와 탕진이라는 말이 최근 내 뇌리에 자주 머물다 간다. 무의식적으로 심지어 꿈속에서마저도 늘 무언가에 빠져 있는 또 하나의 '나'를 발견하는 것은 괴롭다. 아마 죽어서 관 속에서도 무엇엔가에 홀려 있지나 않을까. 정신은 어디 외출시키고 어딘가에 몰두하고 있는 사이 수십 년이 흘러 버렸다는 생각을 문득 한 적이 있다. 눈알의 진액은 어디에 다 쏟아 부어 버리고 텅 비어 버린 머리로 후들거리고 있다는 말인가. 명품이라 믿고 있었던 부끄러운 몸 안에 중년이란 가당치도 않은 덩치가 들어앉아 있는 것을 볼 때의 낭패. 대신 주인 행세를 하는 그놈을 들어내 줄 사람은 정녕 없단 말인가.

손 진 은 1987년 《동아일보》 신춘문예로 등단. 시집으로 『두 힘이 숲을 설레게 한다』 『눈먼 새를 다른 세상으로 풀어놓다』 등이 있음. 현재 경주대 교수.

수박

　사내가 수레를 끌고 언덕바지를 오른다 사내의 비틀린 몸은 땀방울을 쥐어짜고 있다

　수박이 실린 수레 뒤에서 배가 불룩해진 여자가 끄응 끙 수레를 따른다 한쪽 손으로는 무거운 배를 안고, 한쪽 손으로는 수레를 밀면서

　지난 봄 사내의 넝쿨 끝엔 딸기와 외가 열렸었다 상하기 시작한 딸기를 자주 헐값에 팔아넘겨야 했었다

　소아마비 뒤틀리는 사내의 몸속 굽이치는 무늬가 길을 휘감고 오른다 만삭이 된 수박 수레바퀴를 돌린다

　저 고행 끝에 가을이면 꼬투리가 터지리라 단단한 꼬투리 뒤틀어지는 힘으로 씨앗들이 톡 톡 터져 나오리라

　언덕 위의 꼬부라진 골목길 넝쿨넝쿨 뻗어 간 몸에 맺힌 만삭 한 덩이 쩍, 갈라지는 소리가 들린다

(시와정신, 가을호)

시 작 노 트

여름 방학 때 광주에 살던 큰이모가 내가 좋아하는 포도를 사 가지고 왔다. 이모 옆엔 포도알만큼이나 땡그란 눈을 가진 계집애가 서 있었다. 계집애는 육손이였다. 지금 생각해보니 새끼손가락 옆에 자라다 만 손가락 하나가 유난히 숫기가 없었던 나를 마구 함부로 굴게 만들었던 것 같다. 여자애와 함께 포도를 먹을 때 '너는 저리 가서 따로 먹으라'며 평소엔 감히 내뱉을 수도 없는 말을 지껄여대기까지 했으니 말이다. 그런 나를 여자애는 예의 포도알처럼 가뭇하고 푸르스름한 기운이 감도는 눈으로 무연히 바라보곤 하였다. 그 눈빛이 오래 잊혀지지 않았다. 얼마 전 외가에 갔다가 삼십여 년 전 여자애의 안부를 물으니 불우했던 어미와 함께 어느 절의 공양주 보살로 잘 지내고 있다는 말을 들었다. 겨울이면 벙어리장갑만 끼고 다니던 아이- 봄이 와도 벙어리장갑을 좀처럼 벗을 줄 모르던 아이- 아마 내 시에 절단된 신체와 기형의 몸들이 나온다면 그것은 유년의 기억과 무관하지 않을 것이다.

손 택 수 1998년 《한국일보》 신춘문예로 등단. 시집으로 『호랑이 발자국』이 있음.

봄날
— 주꾸미회

앵두꽃이 피었다 일러라 살구꽃이 피었다 일러라
또 복사꽃도 피었다 일러라
할머니 마루 끝에 나앉아 무연히 앞산을 보신다
등이 간지러운지 자꾸만 등을 긁으신다
올해는 철이 일들었나 보다라고 말하는 사이
그 앞산에도 진달래꽃 분홍 불이 붙었다

앞대 개포가에선 또 나즉한 뱃고동이 운다
집집마다 부뚜막에선 왱병*이 울고 야야, 주꾸미
배가 들었구나, 할머니 쩝쩝 입맛을 다신다
빙초산 맛이 입에 들척지근하고 새콤한 것이
달기가 햇뻐꾸기 소리 같다

아버지 주꾸미 한 뭇을 사오셨다 어머니 고추장
된장을 버무려 또 부뚜막의 왱병을 기울이신다
주꾸미 대가리를 씹을 때마다 톡톡 알이 터지면서
아삭아삭 씹히는 맛, 아버지 하신 말씀,
니 할매는 이 맛을 두고 어찌 갔을거나

환장한 환장한 봄날이었다.

집집마다 부뚜막에선 왱병이 오도방정을 떨고
앞대 개포가에선
또 나즉한 뱃고동이 울었다.

*왱병: 가전 비법으로 전해 오는 식초병

(애지, 여름호)

시 작 노 트

　국토의 3대 정신인 황토, 뻘, 대의 정신을 지나와서 그 종합의 1차문화(생생력—음식)인 음식에 손을 대면서 써진 시다. 음식 기행집으로는 『남도의 맛과 멋』, 『송수권 풍류맛 기행』 등을 펴낸 바 있지만 시로서는 「남도의 밤 식탁」 「얼간재미」 「백비탕」 「김치」 「황태나 굴비사려」 등 30여 편 정도 써진 것 같다. 백석의 시집에 '음식'이 많이 나오는데, 이는 민족의 식탁이며, 이 식탁에서 나온 것이 민족정신이며 기질이다. 우리 토속꽃만 쓴 『들꽃세상』 민속만을 쓴 민담 시선집 『우리나라의 숲과 새들』에 이어 음식 시선집도 따로 낼 요량으로 있다. 음식이 전하는 맛과 멋과 민족의 메시지를 빼놓는 것은 민족詩를 추스리는 한 방편이요 나의 사상이 되기 때문이다.

송 수 권 전남 고흥 출생. 1975년 《문학사상》으로 등단. 시집으로 『山門에 기대어』 『꿈꾸는 섬』 『여승』 『언 땅에 조선매화 한 그루 심고』 『한국대표시인 101인 선집』 등이 있음. 소월시문학상, 김달진문학상, 정지용문학상, 영랑시문학상, 김동리문학상 등 수상.
jsk0804@yahoo.co.kr

마다가스카르 섬

　결국 마다가스카르로 가기로 했네 길고 붉은 혀는 내 갈증이지만 아프리카의 울긋불긋 해안이기도 하다네 항구도시 마하장가의 창궐하는 바람이 늑골을 풍화시키더라도 적도는 달콤하므로 가지 못 할 것도 없겠다 떠나는 사람의 일부는 멀고 먼 마하장가에 간다 雨期에는 양철지붕의 녹슨 음악을 듣는다네 여기서는 마다가스카르이지만 그 땅은 다시 자스민 그늘과 폭염으로 나뉜다네 마다가스카르의 흑백사진은 추억을 자세히 보라고 두꺼운 앨범처럼 꾸며졌네 마하장가에서 일 년을 버티다 흰 달의 서쪽을 기웃거릴지라도, 나귀의 오르막인 골목길은 말레이 반도에서 건너오는 사람의 폐활량처럼 여전히 싱싱할 거야 너무 많은 우울과 살림의 移民史인 마하장가의 사생활은 가끔 투털거린다 종소리 들으며 아프리카에 갈 순 없지만 내 몸에서 나는 종소리는 어쩔 수 없어 마다가스카르 카페 근처에서 참하게 울리네

(문학들, 가을호)

시 작 노 트

　마다가스카르는 아프리카 동쪽 섬이다. 마다가스카르에 간 친구 덕에 자주 그 쪽 이야기를 듣는다. 물론 나는 가본 적이 없다. 하지만 아프리카 본토보다 그쪽이 더 궁금하다. 궁금하다고 적었지만 그곳은 원초적 물질이 더 많을 거 같다. 말레이 반도에서 온 동양인의 피가 섞인 그곳이라면 붉은 색은 더 순수한 붉음이고 푸른색은 정말 푸른색일 것이다.

송 재 학 1955년 경북 영천 출생. 《세계의 문학》으로 등단. 시집으로 『얼음시집』『살레시오네 집』『푸른빛과 싸우다』『그가 내 얼굴을 만지네』『기억들』『진흙 얼굴』 등이 있음.

송종찬

아차산 가는 길

백 채의 집을 보아야
제대로 집을 고를 수 있다고 한다
벚꽃 사무치는 봄날 산동네를 오른다
월세 전세를 지나 누구도
침범하지 못할 주소지를 만드는 꿈
복덕방 할아버지는 초인종을 누르고
나는 계단을 따라 올라선다
금이 간 적벽돌의 수를 세고
난방도 확인하면서 그리고 맨 마지막
반지하의 닫힌 문을 열 때
두려움 속에 빛나는 세입자의 눈동자들
산동네를 내려와 다시
선거 벽보 펄럭이는 시장 주변을 돈다
발품을 팔아야 싸게 살 수 있다며
할아버지는 연신 방문을 두드리지만
안으로 잠긴 문을 억지로 열 때
빛이 들지 않는 단칸방에서
거친 숨을 몰아쉬고 있는 얼굴들
단칸방에는 청테이프가
나뭇잎처럼 덕지덕지 붙어 있고
나는 벌써 백 채의 집을 보았지만

그때마다 발목을 붙들고 늘어지는
뻘밭 같은 삶의 내력들

(현대시, 3월호)

시 작 노 트

　인디언들은 땅을 파고 사는 것을 도무지 이해하지 못했다고 한다. 땅과 하늘은 인간의 소유물이 아니라 하늘의 것이라고 믿었기 때문이다. 아무리 가지려고 해도 영원히 가질 수 없기에 지상의 공간은 임대이고 가숙일 수밖에 없다.

송 종 찬 1966년 전남 고흥 출생. 1993년 《시문학》으로 등단. 시집으로 『그리운 막차』가 있음.

만년필

　이것으로 무엇을 이룰 수 있었을 것인가 만년필 끝 이렇게 작고 짧은 삽날을 나는 여지껏 본 적이 없다

　한때, 이것으로 허공에 광두정을 박고 술 취한 넥타이나 구름을 걸어 두었다 이것으로 경매에 나오는 죽은 말대가리 눈화장을 해 주는 미용사 일도 하였다

　또 한때, 이것으로 근엄한 장군의 수염을 그리거나 부유한 앵무새의 혓바닥 노릇을 한 적도 있다 그리고 지금은 이것으로 공원묘지에 일을 얻어 비명을 읽어 주거나, 비로소 가끔씩 때늦은 후회의 글을 쓰기도 한다

　그리하여 볕 좋은 어느 가을날 오후 나는 눈썹 까만 해바라기 씨를 까먹으면서, 해바라기 그 황금 원반에 새겨진 '파카'니 '크리스탈'이니 하는 빛나는 만년필시대의 이름들을 추억해 보는 것이다

　그러면서 나는 오래된 만년필을 만지작거리며 지난날 습작의 삶을 돌이켜본다―만년필은 백지의 벽에 머리를 짓찧는다 만년필은 캄캄한 백지 속으로 들어가 오랜 불면의 밤을 밝힌다―이런 수사는 모두 고통스런 지난 일들이다!

하지만 나는 책상 서랍을 여닫을 때마다 혼자 뒹굴어 다니는 이 잊혀진 필기구를 보면서 가끔은 이런 상념에 젖기도 하는 것이다
―거품 부글거리는 이 잉크의 늪에 한 마리 푸른 악어가 산다

(현대문학, 10월호)

시 작 노 트

요즘 갖가지 다양하고 편리한 일회용 펜들이 등장하여 만년필을 찾는 이들이 거의 없을 듯하다. 어쩌다 저자 싸인회나 격식있는 문서의 서명에나 가끔 눈에 띌 뿐인 그것은 화려한 명성을 뒤로 하고 만년을 쓸쓸히 보내는 어느 여배우의 운명을 닮아 있다. 하지만 만년필은 여전히 매력적인 필기구이다. 가끔씩 잉크를 보충해줘야 하는 불편도 있지만, 그도 먼저 제단에 나아가 촛불을 밝히는 행위처럼 글을 쓰기 위한 경건한 의식일 수 있다. 또한 그 검푸른 잉크가 인간 내면의 깊고 어두운 습지에서 떠 온 것이라면, 만년필로 씌어진 글들은 비통한 사랑의 편지이거나 고백이나 참회의 기록이 아닐까. 어느 글에선가, 만년필로 뭔가를 종이 위에 사각사각 쓰는 느낌이 콩나물국을 먹는 것처럼 시원하다고 쓴 걸 읽은 적 있는데, 그 말이 참 상쾌하다.

송 찬 호 1959년 충북 보은 출생. 1987년《우리시대의 문학》으로 등단. 시집으로『흙은 사각형의 기억을 갖고 있다』『10년 동안의 빈 의자』『붉은 눈, 동백』등이 있음.

하느님은 알지만 빨리 말하시지 않는다*

 이레 동안 줄기차게 비가 내려 강이 넘치고 성난 강물이 한밤중에 강마을을 덮쳤다.
 죽고 다치고 떠내려가고 부서지고…… 백여 호 중 멀쩡하게 살아남은 곳은 단 세 군데, 교회와 동사무소와 슈퍼마켓.
 건설 현장에 함께 노무자로 다니던 부자는 십리 아래 갯벌에서 따로따로 시체로 발견되었다.
 슈퍼마켓의 판매원 처녀는 반 토막이 난 달개방에 휩쓸려 떠내려가서는 열흘이 넘도록 찾아지지 않았다.
 바쁠 때만 동사무소에 나가 일을 도와주는 늙은 퇴직 공무원은 큰 바위에 다리가 깔려 산송장이 되었다.
 노래방에 도우미로 나간다고 풍문이 돌던 동사무소 아랫집 젊은 새댁은 다리 난간을 붙잡고 겨우 목숨을 구했으나 뱃속의 아기를 잃었다.
 ……

 모처럼 햇살이 눈부신 주일날, 수마가 할퀴고 간 폐허 위라서 더 밝고 환한 교회에서 집회가 열렸다. 목사 소리 높여 설교하기를 "하느님은 알지만 빨리 말하시지 않는다."
 집을 잃고 이웃을 잃고 삶의 터전을 잃은 사람들 엎드려 오오 하느님 울부짖기만 할 뿐, 감히 질문하지 못하니,

무엇을 알고 무엇을 빨리 말하시지 않는다는 것인지, 하느님이.

*톨스토이의 동화 제목에서 따왔음.

(창작과비평, 여름호)

신 경 림 1935년 충북 충주 출생. 1956년 《문학예술》로 등단. 시집으로 『농무』 『새재』 『달 넘새』 『가난한 사랑 노래』 『길』 『쓰러진 자의 꿈』 『어머니와 할머니의 실루엣』 『뿔』 등이 있음. 대산문학상 등 수상.

오리 한 줄

저수지 보러 간다

오리들이 줄을 지어 간다

저 줄에 말단末端이라도 좋은 것이다

꽁무니에 바짝 붙어 가고 싶은 것이다

한 줄이 된다

누군가 망가뜨릴 수 없는 한 줄이 된다

싱그러운 한 줄이 된다

그저 뒤따라 가면 된다

뒤뚱뒤뚱하면서

엉덩이를 흔들면서

급기야는 꽥꽥대고 싶은 것이다

오리 한 줄 일제히 꽥 꽥 꽥.

(문학과창작, 여름호)

시 작 노 트

　이참에 마누라 몰래 바람이나 피워 볼까 한다네. 오리처럼 궁뎅이 쑥 빼고 오리걸음을 하며 걸어 볼라네, 어떤가. 궁뎅이 왔다갔다 씰룩거리며 걸어 볼라네. 오 이런 맙소사. 내 궁뎅이에 향긋하고 통통한 피가 도는 것 같지 않은가. 그렇지 않은가. 봄빛도 완연하겠다 나, 마누라한테는 저수지 보러 간다고 하고는 실은 오리 모는 재미에 푹 빠져 있다네.

신 현 정 서울 출생. 1974년 《월간문학》으로 등단. 시집으로 『대립』『염소와 풀밭』『자전거 도둑』 등이 있음. yejinad@korea.com

기러기 알

집에서 기르는 기러기가 낳은 거라고 강희가 기러기 알을 여남은 개 가지고 왔다
기러기 알은 고운 재를 개어 발라놓은 듯 매끄러웠고
계란보다 굵었다
계란처럼 삶아서 먹으면 된다 하였다

나는 기러기 알을 받아들고
허공 찬바람을 가르지 못하고, 혼자 사는 강희네 집에서 함께 사는 기러기 엄마를 생각하였다
그녀의 까만 눈과 부리를 생각하였다
부드러운 가슴 털로 알을 품어 하나의 편대를 이루어 날아가지 못한 그녀,
그녀의 울음소리를 생각하였다
울음이 알을 낳았지, 생각하였다

엄마 떠난 기러기 알은
껍질로 속을 감추고
울음을 참고 있는 것 같았다

나는 기러기 알을 조심스럽게 가슴에 품는다
그러자 불현듯 갈대밭의 발목을 적시는 물소리가 들린다

내 발가락이 개펄을 활주로 삼아

타, 타, 타, 타, 타 이륙할 듯 꼼지락거리고 있었다

모가지는 기럭기럭 길을 내면서 앞으로 나아갈 듯 마치 나아갈 듯

길쭉하게 늘어나고 있었다

(애지, 여름호)

안 도 현 1961년 경북 예천 출생. 1981년《매일신문》, 1984년《동아일보》신춘문예로 등단. 시집으로『서울로 가는 전봉준』『모닥불』『바닷가 우체국』등이 있음.

아배 생각

뻔질나게 돌아다니며
외박을 밥 먹듯 하던 젊은 날
어쩌다 집에 가면
씻어도 씻어도 가시지 않는 아배 발고랑내 나는 밥상머리에 앉아
저녁을 먹는 중에도 아배는 아무렇지 않다는 듯
— 니, 오늘 외박하냐?
— 아뇨, 올은 집에서 잘 건데요.
— 그케, 니가 집에서 자는 게 외박 아이라?

집을 자주 비우던 내가
어느 노을 좋은 저녁에 또 집을 나서자
퇴근길에 마주친 아배는
자전거를 한 발로 받쳐 선 채 짐짓 아무렇지도 않다는 듯
— 야야, 어디 가노?
— 예……. 바람 좀 쐬려고요.
— 왜, 집에는 바람이 안 불다?

 그런 아배도 오래 전에 집을 나서 저기 가신 뒤로는 감감 무소식이다.

(문학과경계, 여름호)

안 상 학 1962년 경북 안동 출생. 1988년 《중앙일보》 신춘문예로 등단. 시집으로는 『그대 무사한가』 『안동소주』 『오래된 엽서』 등이 있음.

송당 쇠똥구리 1

겨울 송당리엔 숨비소리 묻어난다.
바람 불지 않아도 중산간 마을 한녘
빈 텃밭 대숲만으로 자맥질하는 섬이 있다.

대한大寒에 집 나간 사람 찾지도 말라 했다.
누가 내 안에서 그리움을 굴리는가
마취된 겨울 산에서 빼어 낸 담낭결석膽囊結石.

눈 딱 감고 하늘 한번 용서할 수 있을까.
정월 열사흘 날, 본향당 당굿마당
4·3땅 다시 와 본다, 쌀점 치고 가는 눈발.

그렇게 가는 거다. 신의 명을 받아 들면
징 하나 오름 하나 휘모리장단 하나
남도 끝, 세를 든 세상, 경단처럼 밀고 간다.

(유심, 봄호)

시 작 노 트

　군데군데 대숲만 남기고 해안 마을로 소개疏開된 사람들은 다 어디로 갔는가. 북제주군 구좌읍 송당리. 제주 4·3사건도 반세기가 지났는데, 본향당 당굿 날이면 찾아오는 그 발길들. 더러는 신수 보기 쌀점을 치고 가는 그들의 뒷모습에 숨비소리 같은 한 생애가 비친다. 멸종 위기의 쇠똥구리는 이 송당 들녘 인근에만 남아 있다. 어쩌면 그들이 빚는 똥경단과 내 몸에서 빼낸 담낭 결석이 그렇게 빼닮았는가. 이 겨울 동검은이 오름의 쇠똥구리들이여, 안녕히 주무시라.

오 승 철 1957년 제주 위미 출생. 1981년《동아일보》신춘문예로 등단. 시조집으로 『개닦이』『사고 싶은 노을』 등이 있음. 한국시조작품상, 이호우시조문학상 수상.

몸살, 찔레꽃 붉게 피는

그 어디서 누가
이토록 간절하게 노래를 부르고 싶어
난데없이 내 입에서 이런 노래가 흘러나올까 찔레꽃,
붉게 피는

해질녘이면
그 어딘가에서
또 다른 내가 저물고 있듯이

여태 내가 가보지 못한 곳에도 風景이 있고
冊이 있고
출렁거리는 물결이 있기에

내가 강바닥에 쓰러져 울고 있을 때,
누군가 등 뒤에서 내 몸을 일으켜 주었다 그런
이야기다 이 끝나지 않는 문장은

때때로 詩가 되고, 낚시터의 붕어가 되고
강가의 모닥불이 되고
불 곁의 목쉰 노래, 노랫가락이 되어
이 마음 이리 서성거리고

그 어디서 누가
이토록 간절하게 노래를 불러
난데없이 내 몸이 이런 몸살을 앓을까 찔레꽃,
붉게 피는

(현대시학, 11월호)

시 작 노 트

　지난여름, 네 번째 시집 『멀리서 오는 것들』의 원고를 정리할 때, 막바지에 이 시를 쓰게 됐다. 저녁 무렵이었다. 하루 종일 컴퓨터 앞에서 원고를 손질하다가 머리를 식힐 겸 베란다로 나갔는데, 난데없이 내 입에서 노래 한 소절이 흘러나왔다. 그 어디서 누군가가 이토록 간절하게 노래를 부르고 싶어 내 입에서 이런 노래가 흘러나온다는 생각이 들었다. 그가 누구일까? 저 머나먼 곳에 또 다른 내가 있다. 눈에 잘 보이지 않지만 세상의 모든 존재들은 거미줄 같은 탯줄로 연결되어 있다. 존재와 존재 사이의 통로, 거기 내 몸을 비벼 넣고 싶다.

오 정 국 1956년 경북 영양 출생. 중앙대 문예창작학과와 동대학원 졸업. 1988년 《현대문학》으로 등단. 시집으로 『저녁이면 블랙홀 속으로』 『모래 무덤』 『내가 밀어낸 물결』 『멀리서 오는 것들』 등이 있음. 현재 한서대 문예창작학과 교수.

폭설暴雪

삼동三冬에도 웬만해선 눈이 내리지 않는
남도南道 땅끝 외진 동네에
어느 해 겨울 엄청난 폭설이 내렸다
이장이 허둥지둥 마이크를 잡았다
— 주민 여러분! 삽 들고 회관 앞으로 모이쇼잉!
　　눈이 좆나게 내려부렸당께!

이튿날 아침 눈을 뜨니
간밤에 또 자가웃 폭설이 내려
비닐하우스가 몽땅 무너져 내렸다
놀란 이장이 허겁지겁 마이크를 잡았다
— 워메, 지랄나부렀소잉!
　　어제 온 눈은 좆도 아닝께 싸게싸게 나오쇼잉!

왼종일 눈을 치우느라고
깡그리 녹초가 된 주민들은
회관에 모여 삼겹살에 소주를 마셨다
그날 밤 집집마다 모과빛 장지문에는
뒷물하는 아낙네의 실루엣이 비쳤다

다음날 새벽 잠에서 깬 이장이

밖을 내다보다가, 앗!, 소리쳤다
우편함과 문패만 빼꼼하게 보일 뿐
온 천지天地가 흰눈으로 뒤덮여 있었다
하느님이 행성行星만한 떡시루를 뒤엎은 듯
축사 지붕도 폭삭 무너져 내렸다

좆심 뚝심 다 좋은 이장은
윗목에 놓인 뒷물대야를 내동댕이치며
우주宇宙의 미아迷兒가 된 듯 울부짖었다
— 주민 여러분! 워따, 귀신 곡하겠당께!
　　인자 우리 동네 몽땅 좆돼버렸쇼잉!

오 탁 변 1967년 《중앙일보》 신춘문예로 등단. 시집으로 『아침의 예언』 『너무 많은 가운데 하나』 『겨울강』 『1미터의 사랑』 『벙어리장갑』 등이 있음.

세한도

뼈가 시리다
넋도 벗어나지 못하는
고도의 위리안치
찾는 사람 없으니
고여 있고
흐르지 않는
절대 고독의 시간
원수 같은 사람이 그립다
누굴 미워라도 해야 살겠다
무얼 찾아냈는지
까마귀 한 쌍이 진종일 울어
금부도사 행차가 당도할지 모르겠다
삶은 어차피
한바탕 꿈이라고 치부해도
귓가에 스치는 금관조복의 쓸림 소리
아내의 보드라운 살결 내음새
아이들의 자지러진 울음소리가
끝내 잊히지 않는 지독한 형벌
무슨 겨울이 눈도 없는가
내일 없는 적소에
무릎 꿇고 앉으니

아직도 버리지 못했구나
질긴 목숨의 끈
소나무는 추위에 더욱 푸르니
붓을 들어 허망한 꿈을 그린다

(시와시학, 봄호)

시 작 노 트

예술은 고통을 자양분으로 해서 피어나는 꽃이다. 고통이 없었다면 얼마나 많은 명품들이 과연 이 세상에 태어날 수 있었을까?

'세한도'는 내 고통의 풍경을 그린 것이다. '세한도'는 추사 김정희가 적소에서 그리고 써서 제자 이상적에게 준 작품이지만 내가 시로 쓴 '세한도'는 추사의 그림을 묘사한 것이 아니다. 나의 고독과 고통을 극복하는 수단으로 추사의 그림을 빌려 온 것이다. 한창 시절, 고도에 위리안치된 추사의 심경은 어떠했을까? 그 죽음과도 같은 절망을 어떻게 견뎌냈을까?

나의 고통을 추사의 고통에 비기며 인내하면서 서서히 절망에서 벗어날 수 있었다. 그것을 그린 작품이 시 '세한도'이다.

유 자 효 1947년 부산 출생. 서울대학교 사범대 불어교육과 졸업. 1968년《신아일보》신춘문예와 1972년《시조문학》으로 등단. 시집으로『아쉬움에 대하여』『금지된 장난』『데이트』『지금은 슬퍼할 때』『내 영혼은』『떠남』『짧은 사랑』『성 수요일의 저녁』등이 있음. 정지용문학상, 편운문학상, 후광문학상, 현대시조문학상 수상.

백년의 그늘

　새 한 마리가 똥을 누네 느릅나무 가지 사이로 반짝, 빛나는 지상의 얼룩. 조금 전 밀잠자리 사냥으로 배가 부른 채 어슬렁어슬렁 산책을 즐기시던 버마재비가 순간 놀라 속옷까지 다 보이며 날아가네 며칠 전 알에서 깨어난 금빛어리표범나비 날갯짓 한참 하고 가더니 오랫동안 입 다물고 있던 금강초롱이 비로소 꽃이 되었다 보는 이 없이도 그냥 이루어지는 저 아름다운 기교여 소풍 나온 어린 바람 저희끼리 치고받으며 히히대고 어느덧 개망초꽃 너머 한결 팽팽해진 햇빛들, 느릅나무는 오늘도 그냥 그 자리 백 년도 더 된 커다란 그늘을 평평하게 깔고 있었다

(현대시학, 8월호)

시 작 노 트

　저 따뜻한 푸르름에 내 작은 발등이 잠길 수만 있다면, 저 고요한 외침의 바다에 내 마음을 뉘일 수만 있다면, 내 마음 빈터에 모시고 싶은 그늘 한 채가 지난여름 갑자기 시가 되어 찾아왔다. 배때기 하얀 어린 바람과 금빛어리표범나비를 데불고 백 년의 시간 아득히.

유 재 영 1948년 충남 천안 출생. 1973년 시와 시조가 추천되어 문단에 나옴. 시집으로 『한 방울의 피』『지상의 중심이 되어』『고욤꽃 떨어지는 소리』와 시조집 『햇빛 시간』 등이 있음.

돌확 속의 生

작은 절 영천사 뒤란 장독대 곁에
돌확이 하나 모셔져 있다

지난 가을비에
돌확엔 팔 할이 빗물인데
그 빗물이 고요의 힘으로 모셔져 있다
고요한 빗물이 말간 하늘과 햇솜 같은 구름을
제 가슴에 모셔 와 담고 있는데

그 돌확에 누운 구름의 물 위에
말벌 한 마리 빠져 허우적거리고 있다
익사 직전의 말벌이 모셔져 있다
물속의 구름이, 섬이 되었으면 싶었다
마른 떡갈나무 잎새 하나 모셔 와
구름의 물에 빠진 말벌을 돌확 밖으로 모신다

돌확을 뒤엎을 수도 있었는데
돌확 속의 물은
참 오래된 修道로 고요했을 뿐인데
말벌 하나 건져진 뒤
죽음의 水位가 저 돌확 속에 모셔진 줄 몰랐다

뭐든지 모셔지는 절간 추녀 밑에서
목마름도 모르고 풍경 소리 허공에 모셔 내가는
쇠물고기 그림자를
돌확의 빗물에 한번 모셔 봐야지

(학산문학, 여름호)

시 작 노 트

집을 닮아 가는 절이 있다. 뒤란에는 돌확과 수십 개의 항아리가 있고 공양 보살이 그걸 사리함처럼 건사하고 있다. 스님 한 분은 참선參禪의 일환으로 여러 통의 꿀벌까지 치신다 한다. 암자라 할 만한 그 절 근처 산길 옆에서는 수수부꾸미에 가락국수, 막걸리를 파는 노점이 있다. 대웅전 안의 부처님을 못 뵈도 서운하지 않고 담담하다. 절 둘레엔 산빛이 꽃빛을 더하여 알 수 없이 환하다. 알 수 없는 근심의 덩어리가 반 토막이 난다.

유 종 인 1968년 인천 출생. 1996년《문예중앙》신인상에 시와 2003년《동아일보》신춘문예에 시조로 등단. 시집으로『아껴 먹는 슬픔』『교우록』등이 있음.

文盲

펄프를 물에 풀어, 백지를 만드는 제지공들은 하느님 같다
흰 눈을 내려
세상을 문자 이전으로 되돌려 놓는 조물주 같다

티 없는, 죄 없는
순백
無化의 길……

더욱 완전한 백지에 이르고자
없애고 없애고 또 없애는 것이 제지공의 길이다, 제지공의 삶이다, 마치 거지의 길이며 성자의 삶 같다

그러므로,

오늘도
백지를 만드는 제지공들은 자꾸만 문자를 잃어 간다, 문맹이 되어 간다

문명에서—문맹으로

휴일 없이

3교대 종이 공장 제지공들은 출근을 한다

(작가세계, 봄호)

시 작 노 트

　나는 제지공이다. 2005년 12월 31일 23시 30분부터 2006년 1월 1일 07시 30분까지, 야근을 했다. 지난해도 그랬고 저 지난해에도 그랬다. 어쩌면 아무 것도 개입할 수가 없는, 개입해서는 안 되는 소음과 진동이 난무하는 공장에서 한 해를 보내고 한 해를 맞는 기분은…… 특별했다. 그것은 백지이며 백치가 되는 경험이었다.
　문명(삶)이란 무엇이고 그것을 받아 적는 기록(시)이란 또 무엇인가?
　Snow White라는 종이가 있다. 눈〔雪〕처럼 흰 종이…… 제지공들은 밤을 새워 펄프를 집어넣고 그 종이를 만든다. 함박눈이라도 내리는 날 밤, 그 종이를 만들면 괜히 기분이 이상해진다. 그런 날 밤, 나는 이 더럽고도 고통스러운 세상이 아직 아무런 문자도 역사도 새겨지지 않은 그 순백의 종이로 덮이는 상상을 한다. 無化를 생각한다. 고달픈 야근을 하며 한 해를 보내고 한 해를 맞는 나의 삶도, 가당찮게 제지공이면서 시인의 짓을 하며 사는 나의 이 생활도…… 그랬으면 좋겠다는 생각을 하면서.

유 홍 준 1962년 경남 산청 출생. 1998년 《시와반시》로 등단. 시집으로 『喪家에 모인 구두들』이 있음.

파티, 좋아하나요

우리도 더러 파티에 초대될 때가 있지요마는
파티는 잘 나가다 뒤집어 섞는 파투 같아요
승강기에 오를 때부터 걸음이 엉키고
천정의 눈을 찌를 듯한 불빛,
숨긴 생각까지 들추어 낼 듯 정수리에 쏟아지지요
빌려 입은 짧은 스커트를 자꾸 끌어내리다가
칵테일 잔을 떨어뜨린 건 그렇다치구요
흐름을 못 짚어 테이블보에 걸린 것도 괜찮다칩시다
타이어 바람 빠지듯
조명 꺼지고 나면
황금마차는 호박이 되는 것
평범한 부부들
돌아오는 차 속에서 누구 먼저랄 거 없이
쌈이 벌어지지요
허망함이 화풀이를 불러오는 그런 거
파티는 언제나 꿈이고, 연하의 남편이며
현실은 설거지 가득 쌓인 싱크대
말하자면
쌈박질은 꿈에서 현실로 내려오기 위해 필요한
사닥다리 같은 것,

소리치지 마세요
우리는 결국 적응하잖아요
파티에서 돌아와
통통 부은 발 주무르며 퍼질러 앉아 대뜸
식은 밥 한 술에 신김치 걸쳐 뚝딱 해내는
늦은 밤,
끄윽, 트림으로 퍼지는 밤인 걸요
봄밤인 걸요

(문학판, 가을호)

시 작 노 트

빌려 입은 옷은 연하의 남편처럼 그럴싸하나 뭔가 아슬아슬하다.
빌려 입은 옷은 옷과 나 사이의 간극, 꼭 그만큼의 미세한 불편함이 있다.
일상과 파티의 간극이 그와 유사하다.
그 간극은 메워지지 않으므로 욕망이 되고, 메워질 수 없으므로 허기가 된다.
우리네 삶이란
얼마간은 남의 옷을 빌려 입는 일이기도 하고,
불편을 감수하면서 파티란 것에 참석해야 하는 일인지도 모른다.
그리고 그 불편한 감정을, 남에겐 도저히 내비칠 수 없는, 그 뭐랄까 좀스런 부끄러움을,
기어코 가장 가까운 사람에게 내보이며 산다.
아름답다,
사랑스럽다,
소시민인 당신 그리고 나.

이 규 리 경북 문경 출생. 1994년《현대시학》으로 등단. 시집으로 『앤디 워홀의 생각』이 있음.

1호선

초록불이 황색으로 바뀌자
사방에서 검은 원숭이 떼가
킥킥거리며 튀어나왔다.
꽉 막힌 길 자동차는
흰 정지선에 멈추어 있는데
휘어진 고압선 너머로 쿨룩,
기침을 하며 태양의 오래된 입술 떨어지고
황색의 불빛이 깜박이는 동안
탄식처럼 거리를 점령한 원숭이 떼.
뜨거운 지붕 위로 부웅—떠올랐던가, 너는
과열된 퓨즈처럼 녹아내리는
세상은 온통,
저 놈들 벌건 엉덩짝처럼 타오르는데
정오를 관통한 바퀴는 허공을 향해 날아가고
강철의 이빨은 깨진 라이트를 물어뜯는다.
육교의 검은 철근에 매달려
다리를 버둥거리던 너,
깨진 블록처럼 투덜거리며 침을 뱉고
찌그러진 태양의 헬멧을
다시 눌러 쓴다.
금이 간 눈을 깜박일 때마다

황색과 초록의 틈새로
흰 먼지의 불꽃이 피어나고
검은 원숭이 떼 자욱하게 몰려간다.

(문학과사회, 여름호)

시 작 노 트
어디서 몰려 왔던가, 너는. 얼룩진 유리창과 낡은 자동차에, 희미한 모니터 위에, 초록과 황색의 불빛 위에, 가스로 가득 찬 풍선 위에, 공사장의 시멘트 블록 위에, 부드러운 모래로 짓은 작은 집에, 겨울나무 위에, 붉고 뾰족한 지붕 위에, 종일 거리를 구른 피곤한 바퀴에, 잿빛 구름 위에, 구름의 젖은 얼굴을 관통한 전선 위에, 흰 종이 위에, 낯선 중얼거림에, 그리고 내 찌그러진 안경테에도 들러붙어 있는. 너는.

이 기 성 1998년《문학과사회》로 등단. 시집으로 『불쑥 내민 손』이 있음.

꽃 꿈

꿈속에서 활짝 핀 꽃을 보면
다음날 몸에 상처 입었네
사는 게 사나워질수록 꿈에
만개한 꽃밭 자주 보였는데

몸 곳곳에 핀, 그
크고 작은 선홍빛 꽃잎들
꿈땜처럼 마를 때, 나는 정말
자주 자주 들판으로
이름 모를 들꽃들 보러 나갔네

오, 누가 어디 먼데서
쓰라린 마음의 찰과상을 입고
헤매이다 지쳐 쓰러진
험한 꿈이
여기 이렇게 문득
생시로 피어났을까
어느 메마른 이가 이토록
향기로운 꽃꿈을 선뜻 척박한
내 몸에 대고 꿔 주었을까

지난밤 꽃피던 통증이

그저 봄바람처럼 맑아져서
들판에 앉아 하염없이
흰 붕대를 풀어내는, 나는
지금껏 누굴 위해
좋은 꿈 한번 꿔 주지 못하고
어디 먼데
꿈속의 꽃밭이나
사납게 찾아 헤매는 사람

(현대시학, 7월호)

시 작 노 트

뒷동산에 핀, 첫 민들레 꽃송이 속에서 어데 먼 전장에서 깊은 총상을 입고 쓰러지는 병사의 외마디 비명 소리가 들려왔다. 그리고 연이어 여기저기서 꽃망울이 펑펑 터진다. 죽은 자들이 꾸는 꿈속의 꽃밭에 앉아 나는 또 다른 전선의 나에게 편지를 쓴다.

이 덕 규 경기 화성 출생. 1998년 《현대시학》으로 등단. 시집으로 『다국적 구름 공장 안을 엿보다』가 있음.

사랑의 역사

왼편으로 구부러진 길, 그 막다른 벽에 긁힌 자국 여럿입니다

깊다 못해 수차례 스치고 부딪힌 한두 자리는 아예 흠합니다

맥없이 부딪혔다 속상한 마음이나 챙겨 돌아가는 괜한 일들의 징표입니다

나는 그 벽 뒤에 살았습니다

잠시라 믿고도 살고 오래라 믿고도 살았습니다

굳을 만하면 받치고 굳을 만하면 받치는 등 뒤의 일이 내 소관이 아니란 걸 비로소 알게 됐을 때

마음의 뼈는 금이 가고 천장마저 헐었는데 문득 처음처럼 심장은 뛰고 내 목덜미에선 난데없이 여름 냄새가 풍겼습니다

(열린시학, 여름호)

시 작 노 트
　아, 돌아온다는 당신과 떠난다는 당신은 같은 온도. 그 사이 온통 가득한 허공을 밟고 뒤편의 뒷맛을 밟더라도 하나를 두고 하나를 되돌릴 수 없는 것.

이 병 률 충북 제천 출생. 1995년 《한국일보》 신춘문예로 등단. 시집으로 『당신은 어딘가로 가려 한다』가 있음.

시 1

    당신은 명절 다음날의 적요한 햇빛, 부서진 연탄재와 삭은 탱자나무 가시, 당신은 녹슬어 헛도는 나사 못, 거미줄에 남은 나방의 날개, 아파트 담장 아래 천천히 바람 빠지는 테니스 공, 당신은 깊이와 넓이, 크기와 무게가 없지만 당신은 깊이와 넓이, 크기와 무게 바로 옆에 있다 종이 위에 한 손을 올려놓고 연필로 그리면 남는 공간, 손은 팔과 이어져 있기에 그림은 닫히지 않는다 당신이 흘러드는 것도 그런 곳이다

(열린시학, 여름호)

이 성 복 1952년 경북 상주 출생. 1977년 《문학과지성》으로 등단. 시집으로 『뒹구는 돌은 언제 잠 깨는가』 『남해금산』 『그 여름의 끝』 『호랑가시나무의 기억』 『아, 입이 없는 것들』 등이 있음.

시간

1
저 끝없는 보행,
길은 사막 속이다
연신 무너지고 다시 곤두설 때
빛바랜 인화지 같은 한순간이 찍혀 있다.

2
꽃이 진다는 건 제 명을 지우는 일
장대비 서럽던 날의 행방을 묻지 않고
땡볕에 까무러쳐도 무릎 꿇고 견디는 일.

3
늪 속을 걸어 나온,
맨발의 겨운 노동
푸석한 바람을 안고 모랫벌을 내달리다
저마다 시계가 된 우리, 흰 등뼈가 보인다.

(정신과표현, 9/10월호)

시 작 노 트

사랑과 노동의 고통으로 시간이 지나간 길목은 언제나 멍빛이다. 그런 멍을 지우기 위해 제 몸에서 피어난 꽃들을 기꺼이 떨궈 보았는가.

시간을 역류할 수는 없는 일.

맞물린 톱니바퀴 아래서 生을 엮다가 그렇게 살며 부대끼다가 그대, 가끔씩은 등 돌리던 순간이 있었더라도 장대비의 행방은 묻어 두리라.

내 끝없는 보행의 詩처럼, 바래어 가는 인화지 속의 풍경은 아름답기만 하다.

이 승 은 1958년 서울 출생. 1979년 문공부 주최《전국민족시 백일장》장원으로 등단. 시집으로『내가 그린 풍경』『시간의 물그늘』『길은 사막 속이다』『술패랭이꽃』『시간의 안부를 묻다』등이 있음. 한국시조문학상, 대구시조문학상, 이영도문학상 등 수상.

내 청춘의 비망록

> 그리움을 아는 자만이
> 내가 괴로워하고 있는 것을 알리라
> — 괴테, 「미뇽」

망갑望甲에서 반백半白을 보다

 내 청춘의 스무 해 흔적들이 썰물녘 게 떼처럼 허위허위 떠간다. 어언 내 나이 불혹을 넘어 망갑을 기다릴 뿐, 내 검은 머리는 반백으로 희끗희끗할 뿐 이 지상 위에 말뚝처럼 서서 내가 그동안 기다린 것은 무엇이었나. 호남선 밤기차 타고 첫사랑 같은 여자와 붉은 피 맨주먹으로 무작정 상경을 작정하던 일천구백팔십삼 년 그 시월의 마지막 밤에 나는 오직 그 낙지 대가리만을 생각했다. 참으로 가팔랐고 숨 가빴던 나날들. 그 누가 말했던가? 한 시대가 통째로 감옥이었던 시절에 우린 살아 냈다고. 때론 저 미치게 푸른 오월 하늘과 뗏장 벗겨진 망월동 그 당당한 무덤들의 큰 입과 곤봉과 방패와 지랄탄과 백골단들. 그 길 위에서 결코 스크럼을 놓지 않아야 했던 날들. 그 위에 내가 써내려 간 시적 아우라의 허망함과 금기의 언어를 깨부수고자 했던 날들이 해 저문 들녘에서 아직 살아 꿈틀대는가. 때론 북한산이나 지리산 혹은 무등산 입석대에 올라 한번 가서는 영영 돌아오지 않는 사람들을 생각타가 그 산자락 너머 떠오르던 신생의 햇살들을 한 움큼씩 껴안고서 나는 되돌아 왔던가. 정동진 해돋이를 바라보며 쩨쩨하게 굴지 말고 가슴을 쫙 펴라는 노래를 되삭이며 허튼 맹세로 살아간 날들이 또한 거기 있었나. 허나 못 잊힐 세월의 파편들 너머 내 뒷덜미에 압정처럼 박혀 뽑히지 않은 기억들이 날 지금 어디로 끌고 가고 있나.

김산과 체 게바라와 무크타르의 이십년

그때 넌 PD라고 말했던가. 난 NL을 추종하였고 그리고 날렵한 그녀는 뜻밖에 CA였는데 숫제 우리를 속물로 취급하며 마치 혁명의 걸림돌인 양 딴죽을 걸었다. 이 때문에 혁명의 근거지론과 시기적 단계론을 놓고 차수를 바꿔 가며 격론이 오갔지만 돌이켜보건대 누구도 그럴듯한 승자는 없었다. 오히려 술집 모서리에서 악머구리 끓듯 밤새껏 소리치다가 에라이 순, 도둑놈들 하면서 느닷없이 주먹총을 나눠 갖던 우리들은 때때로 말똥 같은 눈물을 함께 쏟아 내다가 레온 트로츠키와 부하린과 못 미더울 혁명적 미래와 주사파들의 파천황적 기질을 서로 달가워하다가 인왕산 돌 바위에서 서글픈 옛사랑과 한강 자락을 이윽히 훔쳐보다가 사막의 라이온, 오마르 무크타르의 영웅적 투쟁을 다시 한번 기억해 냈다. 또한 리비아 혁명이 가르쳐 준 뼈아픈 말발굽 소리와 무크타르의 그 이십 년이란 말씀을 기억하면서 카다피와 체 게바라와 김산의 아리랑과 더불어 김일성의 항일무투의 진실과 주사파 수령론과 NLPDR의 정당성과 민청련 김근태와 민중화가 홍성담이 남영동 대공분실에 감춰 둔 그 상처 딱지의 눈부신 역사성과 도망자가 된 고문기술자 이근안의 행적과 성 고문기술자 문귀동의 전근대적

낯짝과 서울대생 박종철, 연대생 이한열, 명지대생 강경대에게 가해진 물고문과 지랄탄과 최루탄 따위를 생각했다. 어디 그뿐이랴. 말좆처럼 생긴 백골단 쇠파이프와 광주 청옥동 제4수원지 위로 금붕어처럼 튀어나온 조선대생 이철규의 멍빛 눈망울과 용봉골 처녀 전대생 박승희가 쓴 오월의 시편들과 충무로 매일경제 뒷골목에서 가녀린 삶의 등짝을 미처 가누지 못하고 쓰러져간 어여쁜 성대생 김귀정과의 한스러운 이별과 백병원 영안실 그 벽시들의 행렬과 한동안 그 후로도 오랫동안 우리들의 술안주로 넉넉하던 양김씨와 일천구백팔십칠 년 대선 비지노선을 이끈 민통련 문목사를 우린 기억하고 있었다. 하물며 그 역사적 소용돌이에 미처 끝끝내 못다 쓴 꿉꿉한 시적 행간들을 가슴마다 채워 넣은 채 속 쓰려 미칠 것 같은 아침녁 공복을 막사발 냉수 한 컵으로 달래곤 하던 그 이십 년이 진정 나에게 있기는 있었던가.

푸른 별들이 저 멀리서 떨고 있을 때
 저 흙 속으로 태곳적 먼 바람 곁으로 당신을 떠나보내던 날 그들은 우리 가슴에 거대한 쉼표를 하나씩 찍어대며 언뜻언뜻 날숨처럼 사라져 갔다. 파블로 네루다의 말처럼 그때 밤은 산산이 부서지고 푸른 별들은 저 멀리서 떨고 있었다. 침묵뿐인 망자의 소리로 가득 찬 돛을 달고 그들은 어디론가 거슬러 오르고 있었다. 또한 어느 시인의 말처럼 저리 민감한 영혼들만 이 소멸의 산마루에 포위된 듯했다. 사람들은 떠나가고 복숭아꽃은 피었다 지고, 또한 그들이 남긴 글들은 열매와 마른 씨앗처럼 남아 있어 나는 지금 넉넉한 것인가. 그들과 함께 싸우고 그들과 더불어 술잔을 마주치고 그들과 함께 한 세월을 버티며 산 것 말고는 덜컹거리는 삶의 의미를 그 누구에게 가르칠 수도 없던 그 이십 년이란 세월. 때론 마포와 신촌 로터리에서 혹은 광화문과 시청 앞 광장에서, 혹은 사당동 어느 후미진 부산오뎅집에서 그러다가 인사동 복희네 탑골과 해림이네 평화만들기와 최루탄 휘날리던 퇴계로와 을지로 영락골뱅이집에서 혹은 허리우드 뒷골목 순대국밥집과 혹은 그 어딘가의 포장마차에서 우린 서로 난마처럼 혹은 난장처럼 뒤얽혀 널브러졌던가. 그러나 이제는 매만져 볼 수 없는 육체의 향연이여. 포옹할 수조차 없는 가녀린 숨결의 나날이여. 그 역사의 벼랑 끝 모서리 혹은 한복판에서 한 줄기 바람으로 때론 뜨거운 이스크라처럼 훨훨훨 타오르다가 해지고 닳아빠진 외투를 벗어던지듯 자신의 삶을 육탈시킨 그 단호함이여. 문학동네 강태형 시인의 말마따나 그때, 참, 많이도, 죽어뿌렸던, 것이다. 그들 때문에 당신과 내가 마신 황금빛 이슬들은 모두 어디로 스며들었나. 한 조각 사금파리처럼 반짝이다가 돌연 이승의 닻을 끊어 버린 그들에게 역사는 이제 진혼가를 들려줄 것인가.

침묵의 돌이 언제쯤 꽃으로 피어날 것인가

　당신과 나는 그때 통곡 혹은 통탄하였을 것이다. 젖은 눈을 훔치며 허공을 한번 치어다보다가 침묵의 돌이 꽃으로 피어날 그날만을 기다렸다. 오늘 또다시 좆찌리 강산에 갈망정 그래도 목숨 부지하며 살아야 하지 않겠느냐고 의뭉스러운 눈초리로 청춘의 길이 왜 이리도 팍팍한가를 되묻곤 했다. 때론 마포 아현동 조광다방 2층 자실自實 사무실과 동투東鬪 조투朝鬪 민언협民言協과 농성을 함께 하던 그 스치로폼 위에서 뭇별들을 세어 보던 철없는 청춘들은 죄다 어디로 사라졌는가. 우리는 그때 거리에서 온갖 슬로건과 한 시대의 묵시록을 날것으로 배웠다. 종삼에서 그녀의 손목을 부여잡은 채 최루탄 가루에 온몸과 온 넋을 제대로 갈무리했다. 그리하여 일천구백팔십칠 년 유월 시청 앞 광장에서 이한열과 박종철의 거대한 운구의 파노라마 속에서 호헌철폐 독재 타도라는 금기의 언어가 보통 사람들의 일상어로 자리 잡아 가고 있음을 깨달았다. 하여, 세상 밖에서 불기둥이 된 그 이름자들을 시시때때로 호명하면서 스크럼을 짜며 지상 위로 튀어나온 죽음만이 저토록 장엄할 수 있음을 알았다. 우리가 걷고 있는 바로 이 길, 이 순간이 희망이라는 행로를 밟기 위한 길임을 알면서도 역사란 오늘 저들에게 좀더 처절히 깨질 때에만 내 영혼이 더 해맑게 단근질될 수 있음을 배웠다. 하지만 나는 그 십 년, 그 이십 년 세월의 끝자락에 앉아 타는 목마름을 억누르지 못했다. 인간이 투쟁만으로 살 수 없다는 것을, 증오만으로 이 세상을 채울 수 없다는 걸 터득했지만 온 세상을 지덕의 빛으로 두루 비춘다는 비로자나불이 되지 못하였다. 그리고 인생이란 오래 앙버티는 것도 중요하지만 하루하루의 바람 속에서 당신을 잠시 잠깐 사랑하는 것도 중요하다는 말뜻을 아직 깨닫지 못하였다. 내 뼛속에 박힌 비루한 상처와 차마 누구에게도 말 못할 가난이라는 서글픈 빈 지갑 속에서 깃든 삶이라 불리는 거대하고도 무지막지한 쇠창살을 제 손으로 한 뼘씩 우그러뜨려야 하는 게 바로 우리네 인생임을 알고, 그것을 제대로 깨치고 배우기까지 나는 그 십 년, 이십 년을 하루도 빠짐없이 술 백 잔의 고행 속에 하루 햇살을 마감해야 했다. 그대여, 비련의 이 한생을 언제까지 계속할 작정인가?

(시경, 상반기호)

시 작 노 트

　시를 쓴답시고, 문학의 길에 들어선 지 어언 4반세기……. 이 시는 그 문학판에서 내가 몸담으면서 만난 여러 선후배, 친구들에 대한 이야기다. 모든 문학은 사라진 것들에 대한 기억이자, 이들의 삶의 흔적들에 대한 추억 혹은 되살림이라고 했을 때 이 시는 바로 그런 취지에서 쓴 작품이다.
　우리 현대문학사에 남다른 발자취를 남기고 간 그들 중 아직 이승을 떠나지 못한 채 중음신으로 떠도는 넋들이 있다면 차제에 그들의 넋을 위무하기 위한 천도 문학제를 범문단적 행사로 한번 해보면 어떨까 하고 생각해 본다. 이는 적어도 그들과 함께 한 시대를 살아간 우리들이 해야 할 책무가 아닐까?

이 승 철 1958년 전남 함평 출생. 1983년 시 전문 무크 『민의』 제2집으로 등단. 시집으로 『세월아, 삶아』 『총알택시 안에서의 명상』 『당산철교 위에서』, 산문집으로 『58 개띠들의 이야기』(공저) 등이 있음. 현재 한국문학평화포럼 사무국장, 민족문학작가회의 이사, 시 전문지 《시경》 편집위원, 도서출판 화남 편집 주간.

풀꾼

어렸을 적 방아다리에 깔 비러 나갔다가 깔은 못 비고 손가락만 비어 선혈이 뚝뚝 듣는 왼손 검지손가락을 콩잎으로 감싸 쥐고 하얗게 질려 뛰어오는데 아버지처럼 젊은 들이 우렁우렁한 목소리로 내게 말했다. "아가 괜찮다 우지 마라! 아가 괜찮다 우지 마라!" 그 뒤로 나는 들에서 제일 훌륭한 풀꾼이 되었다.

(내일을여는작가, 여름호)

이 시 영 1949년 전남 구례 출생. 1969년《중앙일보》신춘문예와《월간문학》신인상으로 등단. 시집으로는『만월』『은빛 호각』『바다호수』『아르갈의 향기』등 열 권이 있음. 정지용문학상, 동서문학상, 지훈상, 백석문학상 등 수상.

열쇠

세상은 고비 때마다 열쇠를 만든다
평범한 사람들은 그 열쇠를 볼 수가 없고
영악한 몇 몇 사람들이
피 흘리며 뺏어 가진다.

시간이 지나고 보면 열쇠란 재앙 같은 것
못 가져서 평온했던 가난한 손길들이
가져서 상처를 지닌 영혼을 보살핀다.

(문학사상, 8월호)

시 작 노 트

    도청 테이프가 나라 전체를 달굴 때 이 작품이 씌어졌다. 기게스의 반지 같은 권력자의 마술, 내 시는 그런 음모를 은유하고 고발하는 데 좀 더 용감해지길 바라지만 사방을 두리번거리는 습관은 지금도 변함없다.

이 우 걸 경남 창녕 출생. 1972년《월간문학》과 1973년《현대시학》으로 등단. 시집으로 『맹인』『지상의 밤』 등이 있음. 중앙시조대상. 정운시조문학상, 이호우시조문학상, 경남문학상 등 수상.

우울

　우울은 지금 제 가슴 쫘악, 찢어 대고 있다
　책상 위엔 복잡한 서류들 마구 흩어져 있거니, 그것들 무어라 자꾸 지껄여 대고 있거니,
　거기 엇갈려 포개진 두 손 위, 우울은 제 머리 칵, 처박고 있다

　21층 드높은 사무실, 어쩌다 보니
　저 혼자 내팽개쳐져 있는 우울은 시방, 이빨 앙다물고 아그그 신음 소리를 내고 있다
　얼굴 찡그리며 눈물을 흘리고 있다

　참을성 없는 놈이라니!
　우울은 이렇게 잔주접이나 떨고 있는 저 자신이 싫다 까짓것 청명과 한식 사이거니, 도갑사 산벚꽃처럼 타오르면 그만이거니,
　화르르 흩날리면 그만이거니……,

　우울은 지금 제 팔다리 쫘악, 찢어 대고 있다
　책상 위엔 금방 터질 듯한 은행 통장들, 함부로 흩어져 있거니, 그것들 뭐라고 거듭거듭 지껄여 대고 있거니,
　거기 엇갈려 포개진 두 손 위, 우울은 제 얼굴 칵, 처박고 있다

　앙다문 이빨 사이로 흘러나오는 신음 소리,

우울은 너무도 싫다 그만 세상 하직하고 싶다 산벚꽃처럼 가볍게 몸 흩날려 버리고 싶다
　바람은 그걸 알고, 숨소리조차 크게 내지 않거늘!

(시와사상, 봄호)

시 작 노 트

　차마 어찌할 수 없는 일들이 너무도 많다. 가슴을 미어지게 하는 일들이 너무도 많다. 되도록 외면하며 살기로 한다. 그러나 늘 뜻대로 되지 않는다. 다정도 병이라는데, 내 사랑의 넝쿨손이 지나치게 빨리 자라기 때문일까.

　이른 아침 산책을 나서던 참이었다. 아파트 출입구 주변이 붉게 물들어 있었다. 거기 웬 피투성이가 흰 광목천에 덮여 있었다. 경비 아저씨가 말했다, 여기 또 하나 '우울'이 죽어 있다고. 무서웠다. 한동안 마음이 아팠다.

이 은 봉 1953년 공주 출생. 숭실대 문학박사. 1984년《창작과비평》신작시집『마침내 시인이여』를 통해 등단. 시집으로『좋은 세상』『봄 여름 가을 겨울』『절망은 어깨동무를 하고』『무엇이 너를 키우니』『내 몸에는 달이 살고 있다』『길은 당나귀를 타고』등이 있음. 한성기문학상 수상. 현재《시와사람》,《불교문예》주간. 광주대학교 문예창작과 교수.

이재무

갈퀴

흙도 가려울 때가 있다 씨앗이 썩어 싹이 되어 솟고
여린 뿌리 칭얼대며 품속 파고들 때
흙은 못 견디게 가려워 실성한 듯 실실 웃으며
떡고물 같은 먼지 피워 올리는 것이다
그럴 때 눈 밝은 농부라면 그걸 금세 알아차리고
헛청에서 한가하게 낮잠이나 퍼질러 자는
갈퀴 깨워 흙의 등이고 겨드랑이고 아랫도리고 장딴지고
가리지 않고 슬슬 제 살 긁듯 긁어주고 있을 것이다
또 그걸 내리사랑으로 알고 으쓱으쓱 우쭐우쭐 맨머리 싹들은
갓 입학한 유아들처럼 소란스럽게 재잘대며 자랄 것이다
가려울 때를 알아 긁어주는 마음처럼 애틋하고 고운 사랑
어디 있을까 갈퀴를 만나 진저리치는 저 살들의 환희
모든 살아 있는 것들은 사는 동안 가려워서 갈퀴를 부른다

(시작, 여름호)

시 작 노 트

사람의 손으로부터 가장 먼 신체의 기관은 등이다. 등이 가려울 땐 참으로 난감하다. 손이 미치지 않기 때문이다. 옆 사람의 도움을 받아야 하거나, 효자손을 빌릴 수밖에 없다. 그러나 장소가 그것들을 허용하지 않는다면 참을 도리밖에는 없다. 몸의 가려움이 이러할진대 마음의 가려움이야 말할 나위 있겠는가. 살수록 마음의 가려움이 심해지는 것을 느낀다. 서로가 서로에게 갈퀴가 되어 사는 일이야말로 상생이 아니고 무엇이랴.

이 재 무 1958년 충남 부여 출생. 1983년 무크지 《삶의문학》을 통해 작품활동 시작. 시집으로 『섣달 그믐』 『온다던 사람 오지 않고』 『시간의 그물』 『위대한 식사』 등이 있음. 난고문학상 수상. 현재 《시작》 편집주간.

나무의자

나무의자는

날개로 바닥을 짚고 있는

여자다, 나이테마다 새가 갇혀 있다

새 울음소리로 적금을 붓는 여자

피멍의 울대에서 적금을 빼돌리고

대못을 치지 않았는가, 비스듬 걸터앉은

빈 둥우리에서 못대가리가 치민다

울음소리 그득한 통장엔 만기가 없다

낡은 의자 안으로 짐승들이 들이쳤는가

녹물 흥건한 날개로 바닥을 치는 여자

달아날 듯 비껴 앉은 생의 허우대들

그 등짝절벽만 어둡게 바라보는

나무여자, 새소리마저 잦아드는

(현대문학, 7월호)

이 정 록 1964년 충남 홍성 출생. 1993년《동아일보》신춘문예로 등단. 시집으로 『벌레의 집은 아늑하다』 『풋사과의 주름살』 『버드나무 껍질에 세들고 싶다』 『제비꽃 여인숙』 등이 있음. 김수영문학상, 김달진문학상 수상.

俗化에 대하여

1
베란다에 가득 돈 다발 쌓아 숨겨 둔
그 즐거움을 아는가, 지독한 돈 냄새의

끈질긴
자력에 이끌린
허우적거림을 아는가

다 못 셀 假借名 계좌 허공에 열어 놓고
그 통장의 잿빛 무게 떠받들어 올리다가

종내는
紙壓에 짓눌려
이지러진 얼굴을!

2
바닷가
젖은 자갈밭
두 다리 뻗고 누워

밤하늘의 별빛 홀로 우러러 보라

그대가 가진 그 모든 것
파도 속에
묻힐지니,

(시조세계, 여름호)

시 작 노 트
    속세에 발 딛고 살면서 어찌 속화에서 자유롭기야 하랴마는, 때로 글쟁이랍시고 떠들고 다니는 이들 가운데 지극히 세속적이고 상업적이며 잇속에 눈이 어두운, 매양 취기에 절인 속된 자들이 있다. 그럴 때면 비릿하니 역겨운 중천금의 지압에 온몸이 그만 짓눌릴 것만 같아, 한없이 뒷걸음질치게 된다.
    오, 그 누군가가 또 나를 그렇게 멀찍이서 지켜보며 애휼의 눈빛을 시방 보내고 있는 것이나 아닌지, 오오!

이 정 환 1954년 경북 군위 출생. 1981년《중앙일보》신춘문예로 등단. 시집으로『금빛 잉어』『원에 관하여』등이 있음. 중앙시조대상 수상.

이진명

눈물 머금은 神이 우리를 바라보신다

김노인은 64세, 중풍으로 누워 수년째 산소호흡기로 연명한다.
아내 박씨는 62세, 방 하나 얻어 수년째 남편 병 수발한다.
문 밖에 배달 우유가 쌓인 걸 이상히 여긴 이웃이 방문을 열어
본다.
아내 박씨는 밥숟가락을 입에 문 채 죽어 있고,
김노인은 눈물을 머금은 채 아내 쪽을 바라보고 있다.
구급차가 와서 두 노인을 실어 간다.
음식물에 기도가 막혀 질식사하는 광경을 목격하면서도
거동 못해 아내를 구하지 못한,
김노인은 병원으로 실려 가는 도중 숨을 거둔다.

아침 신문이 턱 하니 식탁에 지독한 죽음의 참상을 차리니
나는 식탁에 앉은 채로 꼼짝없이 그걸 씹어야 했다
꾸역꾸역 씹다가 군소리도 싫어
썩어문드러질 숟가락 놓고 대단스럴 내일의
천국 내일의 어느 날인가로 알아서 끌려갔다
끌려가 병자의 무거운 몸을 이리저리 들어 추스리어 놓고
늦은 밥술을 떴다 밥술을 뜨다 기도가 막히고
밥숟가락이 입에 물린 채 죽어 가는데
그런 나를 눈물 머금고 바라만 보는 그 누가
거동 못하는 그 누가

아, 눈물 머금은 神이 나를, 우리를 바라보신다.

(문학들, 가을호)

이 진 명 1955년 서울 출생. 서울예술대학 문예창작과 졸업. 1990년《작가세계》로 등단. 시집으로『밤에 용서라는 말을 들었다』『집에 돌아갈 날짜를 세어보다』『단 한 사람』등이 있음.

깊은 밤, 시를 쓰다가

깊은 밤, 시를 쓰다가
기다리는 사람도 없고, 밥도 안 되는
시를 쓰겠다고, 잘 안 되는 말을 앓고 앓다가
불을 끈다. 다시 켠다.
이불을 뒤집어쓴다. 또다시 일어나 앉는다.

자욱한 담배 연기. 내 곁에서 허공에
발을 뻗다가 맥없이 오그리는 한 포기의 풍란,
담배 연기보다도 부질없는 저 먼지나 티끌들의
떠돎과 목마름. 또는 물거품과도 같이
비루하구나. 이미 늙어 버린 내일이여.

비루하다 못해 황홀하구나. 눈감아도
잠은 안 오고, 생각은 뒤죽박죽 고삐 풀린
망아지, 풀어 봐도 또 풀어도 풀리지 않는
실타래의 이 기막힌 얽힘. 우리 스스로 만든
재앙만 넘쳐나구나. 온통 어둠뿐이로구나.

깊은 밤, 시는 안 되고
누군가 아득하게 켜 놓은 저 불빛의
흐릿한 흐느낌, 그 언저리를 맴돌고 헤매다가

영락없이 거기가 거기지만, 시를 쓰겠다고
일어나 앉는다. 또 이불을 뒤집어쓰다가
불을 켠다. 불을 껐다가 또다시 눈을 뜬다.

(현대시학, 11월호)

시 작 노 트

 이따금, 문학을 향해 열병을 앓던 시절이 되돌아 보인다. 내면 추구든, 바깥으로 열린 갈등과 절망의 빛깔이든, 나름으로는 뜨거웠던 기억들 때문이다. 생각해보면 설익었거나 부질없는 방황이었다는 느낌도 없지 않지만, 지금과는 상대적으로 순수하고 열정적이었음은 사실이었던 것 같다. 요즘, 날이 갈수록 직업과 그에 따르는 시간적 여유 탓으로 헤매는 형편이며, 때로는 '비시적 수렁'에 빠져 있다는 자괴감에 젖을 때도 적지 않다. 하지만 거의 습관처럼, 깊은 밤에는 뭔가를 써야겠다는, 그럼에도 멀리 켜져 있는 등불이 이내 가물거리기만 하는, 그런 '안타까움'의 연속임을 어쩌랴. 여전히 꿈을 버리지 않는 까닭도 거기 있는지 모를 일이다.

이 태 수 1947년 경북 의성 출생.《현대문학》으로 등단. 시집으로 『그림자의 그늘』『우울한 비상의 꿈』『물속의 푸른 방』『안 보이는 너의 손바닥 위에』『꿈속의 사다리』『그의 집은 둥글다』『안동 시편』『내 마음의 풍란』『이슬방울 또는 얼음꽃』등이 있음. 대구시문화상, 동서문학상, 한국가톨릭문학상, 천상병시문학상 수상. 현재 매일신문 논설 주간, 대구 한의대 국문과 겸임 교수.

무서운 속도

다큐멘터리 속에서 흰수염고래가 서서히 가라앉고 있다
죽어 가는 고래는 2톤이나 되는 혀와
자동차만한 심장을 가지고 있다고 나레이터는 말한다
자동차만한 심장, 사람이 들어가 앉을 수도 있는 심장.
나는 잠시 쓸쓸해진다.
수심 4,812미터의 심연 속으로 고래가 가라앉으면서
이제 저 차 속으로는 물이 스며들고
엔진은 조금씩 멎어 갈 것이다. 그때까지
마음은 어느 좌석에 앉아 있을 것인가.
서서히 한없이, 서서히 죽어 가는 고래가
저 심연의 밑바닥으로 미끄러지듯이 가 닿는 시간과
한 번의 호흡으로도 30분을 견딜 수 있는 한 호흡의 길이
사이에서, 저 한없이 느린 속도는
무서운 속도다. 새벽의 택시가 70여 미터의 빗길을 미끄러져
고속도로의 중앙분리대를 무서운 속도로 들이받던 그 순간
조수석에서 바라보던 그 깜깜한 심연을,
네 얼굴이 조금씩 일렁이며 멀어져 가고
모든 빛이 한 점으로 좁혀져 내가 어둠의 주머니에
갇혀 가는 것 같던 그 순간을,
링거의 수액이 한없이 느리게 떨어지는 것을 보며
나는 지금 가물거리는 의식으로 생각하고 있다

마음아, 너는 그때 어디에 있었니.
고래야, 고래야 너는 언제 바닥에 가 닿을 거니.

(현대시학, 9월호)

시 작 노 트

'속도'를 이야기하는 것은 이제 진부한 것이 되었지만, 매순간 실제 속에서 맞닥뜨리는 우리의 경험은 우리의 지식과 간접 체험이 얼마나 허무한 것인지를 증명한다. 경험하지 않은 속도는 속도가 아니다. 그래서 죽음은 언제나 함부로 말할 수 없는 것이 되며, 삶 역시 매순간의 경험에 대해 열려 있다. 순간 순간의 경험에서 나의 육체와 마음은 전율할 만한 새로움을 느끼며, 감각과 지각과 인식은 단계적인 것이 아니라 동시적인 것이 된다. 그러므로 여기 메를로-퐁티의 말을 적어 놓는다. "도대체 이 세계가 존재하고 있다는 것을 나는 온전히 설명할 수가 없다" 세계에 대한 설명이 세계에 대한 경험을 넘어서지 못하는 곳에서, 시가, 싹튼다.

그때, 무서운 속도를 경험하던 그 순간에 '너'라는 대상이 나에게 없었다면, 삶은, 그리고 죽음은 얼마나 허무했을 것인가. '너'에게 감사드린다.

장 만 호 2001년 《세계일보》 신춘문예로 등단. 명지전문대학 문예창작학과 겸임교수.

편자 신은 연애

겨울 나무여 내 발등을 한번 찧어 볼래? 달빛아
내 광대뼈를 한번 후려쳐 볼래? 흐르다 멈춰 버린 얼음장아 내 손톱을 한번 뽑아 볼래?
사랑아 낮에 켜진 가로등을 찾아내 볼래? 기어코?

저녁이 되자 길가의 소나무들이 어두운 이야기를 하기 시작한다 조상들에 대해서 이야기한다 그래 어쨌다는 거야? 하고 묻노라면 재빨리 이번엔 사랑한다고 수없이 말해 주었다던 여인 이야기를 금방 돋는 별빛들도 좀 섞어 말한다 말한다 여전히 어두운 이야기지만 말한다…… 잊을 만하면 으르렁 으르렁 대는 한밤의 보일러 소리

(시안, 봄호)

시 작 노 트
발등을 찍히고 뺨을 얻어맞고 그리고 손톱이 짓찧어져서 겨우 겨우 울음을 참고 있다. 누구에게? 바로 나 자신에게. 자신의 내부에서 기인한 사랑에게. 그것이 아주 오래된 풍습이란 사실은 그러나 위안이 아니라 더한 고통이다. 그렇게 으르렁댄다. 우리 심장은.

장 석 남 1965년 인천 출생. 1987년《경향신문》 신춘문예로 등단. 시집으로 『미소는 어디로 가시려는가』 등이 있음. 한양여대 문예창작과 교수.

돋보기 맞추러 갔다가

 옛 애인에게서 전화가 왔다. 보험 하나 들어 달라고. 성대도 늙는가, 굵고 탁한 목소리. 십년 전 이사 올 때 뭉쳐 놓았던 고무호스, 벌어진 채 구멍 오므라들지 않던 호스가 떠올랐다.

 오후에 돋보기 맞추러 갔다가 들은 이야기; 흰 모시 치마저고리만 고집하던 노마님이 사돈집에 갔다가 아래쪽이 조여지지 않아 마루에 선 채로 그만 실례를 하셨다고.

 휴지 가지러 간 사이 식어 버린 몸, 애걸복걸 제 몸에 사정하는 딱한 사연도 있다. 조이고 싶어도 조일 수 없는 불수의근不隨意筋, 늙음이다. 몸 조여지지 않는데도 마음 사그라들지 않는 난감함,

 늙음이다. 시니피앙과 시니피에가 실은 남남이듯 몸과 마음 하나가 아니라 둘이라는 깨달음, 찬물에 발바닥 적시듯 제 스스로 느끼기 전엔 도무지 알 수 없는 사실, 그것이 늙음이다.

(작가세계, 여름호)

시 작 노 트

지난해부터 돋보기를 쓰게 되었다. 안경이라는 물건이 나와는 영영 상관이 없을 줄 알았다. 돋보기를 끼면서 한 번도 생각해보지 못했던 안경 쓰는 사람들의 불편을 알게 되었다. 몸으로 알게 되었다.

안경을 쓰지 않았더라면 이것도 모르고 그냥 죽을 뻔했다. 다행이다.

장 옥 관 경북 선산에서 태어나 대구에서 성장. 1987년 《세계의문학》으로 등단. 시집으로 『황금 연못』, 『바퀴 소리를 듣는다』, 『하늘 우물』 등이 있음. 김달진문학상 수상. 현재 계명대 문예창작학과 교수. og-jang@hanmail.net

흰 국숫발

슬레트 지붕에 국숫발 뽑는 소리가
동촌 할매
자박자박 밤마실
누에 주둥이같이 뽑아내는 아닌밤 사설 같더니

배는 출출한데 저 햇국수를 언제 얻어먹나
뒷골 큰골 약수터에서 달아 내린 수돗물
콸콸 쏟아지는 소리
양은솥에 물 끓는 소리

흰 국숫발, 국숫발이
춤추는

저 국숫발을 퍼지기 전에 건져야 할 텐데
재바른 손에 국수 빠는 소리
소쿠리에 척척 국수사리 감기는 소리

서리서리 저 많은 국수를 누가 다 먹나
쿵쿵 이 방 저 방
빈 방
문 여닫히는 소리

아래채에서 오는 신발 끌리는 소리
헛기침 소리

재바르게 이 그릇 저 그릇 국수사리 던져 넣는 소리
쨍그랑 떵그랑 부엌바닥에 양재기 구르는 소리
솰솰솰솰
멸치국물 우려 애호박 채친 국물 붓는 소리

후루룩 푸루룩
아닌 밤 국수 먹는 소리

수루룩 수루룩
대밭에 국숫발 가는 소리

(시와사람, 겨울호)

시 작 노 트

지난여름 강진에 있었다. 장마라기보다 우기였고, 소나기라기보다 스콜이었다. 바람이 거세었다. 오래된 슬레이트 지붕이 가까웠고, 대밭과 감나무가 멀지 않았고, 조립식 간이 주택에 있었다. 배가 출출했다. 잠들 수 없는 밤이었다. 마을의 많은 집들이 비고, 노인들이 서로 기대어 늙어 가고 있었다. 오래된 세월이 그렇게 가고 있었다.

장 철 문 1966년 전북 장수 출생. 1994년 《창작과비평》으로 등단. 시집으로 『바람의 서쪽』『산벚나무의 저녁』 등이 있음.

모자이크 방

    내 안에는 방 하나가 있다. 소설 책 한 권도 들어가기 힘든 작은 방 하나가 있다. 그 방에 한 여자를 재운다. 여자는 방이 너무 좁다며 투정이다. 내 자리마저 내주고 겨우 창문에 매달려 있으면 여자는 또 다른 방을 새끼 친다. 한 방이 두 방이 되고 두 방이 네 방이 된다. 그녀가 낳은 방들, 나는 기침 몇 마디씩을 뱉어 놓지만, 방에서는 기척이 없다. 날이 새면 무정란의 방은 주인을 찾지 못한 채 흉터로 남아 있다. 낮 동안 내내, 잠들어 있는 여자를 깨워 보지만 생활이 없는 여자가 깨어날 리 없다. 아무리 힘껏, 하루를 소모해 보아도 빈 방은 채워지지 않는다.

(현대시, 12월호)

시 작 노 트

    여자는 권력이다. 여자는 늘 내 삶을 디자인한다. 내 꿈을 지시하고 내 생각을 검열하고 길을 안내한다. 그러므로 여자를 욕망한다. 여자가 없으면 자유롭기는 하지만 두렵기도 하다. 여자는 집을 지키는 것 같지만 집을 지배하며, 집에 있는 것 같지만 세상 도처에 있다. 그만큼 강렬한 존재는 없었다. 여자를 애정의 대상으로 본다면 곧 후회하게 될 것이다. 여자는 끊임없이 내 길을 감지하고 생활을 디자인하기 때문이다.
    그러므로 2006년, 여자를 닮으려 한다.

전 기 철 전남 장흥 출생. 1988년 《심상》으로 등단. 시집으로 『나비의 침묵』『풍경의 위독』과 평론집 『자폐와 과잉의 문학』이 있음. 현재 〈만해학회〉 일을 보면서 《시경》, 《유심》 편집위원. 숭의여대 문예창작과 교수.

가지에 가지가 걸릴 때

쭉쭉 뻗은 봄 솔숲 발치에 앉아
소나무 꼭대기를 올려다보자니
저 높은 허공에
부러진 가지가 땅으로 채 무너지지 못하고
살아 있는 가지에 걸려 있다

부러진 가지의 풍장을 보고 싶었을까
부러진 가지와 함께 무너지고 싶었을까
부러진 가지를 붙들고 있는 살아 있는 가지는
부러진 가지가 비바람에 삭아 주저앉을 때까지
부러진 가지가 내맡기는 죽음의 무게를 지탱해야 한다
살아 있는 가지의 어깨가 처져 있다

살아 있는 가지들은 서로에게 걸리지 않는데
제멋대로 뻗어도 다른 가지의 길을 막지 않는데

한줄기에서 난
차마 무너지지 못한 마음과
차마 보내지 못한 마음이
얼마 동안은 그렇게 엉켜 있으리라
서로가 덫인 채

서로에게 걸려 있으리라

엉킨 두 마음이 송진처럼 짙다

(작가세계, 여름호)

시 작 노 트
  이것도 아니고 저것도 아닌 막막함이 있다. 이것이기도 하고 저것인 애매함도 있다. 이러지도 못하고 저러지도 못하는 절절함도 있다. 나는, 그런, 겹침을 지독하게 혐오한다. 생의 8할 이상이, 그런, 어긋난 겹침의 연속이리라. 그러기에 믿는다. 그 막막함과 그 애매함과 그 절절함이 이 생을 지탱하는 마음의 닻이라고.

정 끝 별 1988년《문학사상》신인 발굴에 시와 1994년《동아일보》신춘문예 평론으로 등단. 시집으로『자작나무 내 인생』『흰 책』『삼천갑자 복사빛』과 시론평론집『패러디 시학』『천 개의 혀를 가진 시의 언어』『오룩의 노래』와 산문집『행복』『여운』『시가 말을 걸어요』『사랑아 나를 몰아 어디로 가려느냐』등이 있음. 현재 명지대학교 국문과 교수.

혼의 집, 세한도를 엿보다

한라의 흰 눈썹이 꿈틀 용을 쓰면

태산쯤 황하쯤은 완당에 둔다는 듯

기꺼운 조선의 붓들 그 문전에 졸卒하다

한 채 선을 앉히면 난바다가 이끌리고

한 채 점을 얹으면 산이 와 엎드리고

팔 아래 거느린 세상 만 획이 일 획이니*

인적 없는 적소에 적笛이 스친 듯한

갈필 그 자취마다 만상이 서성일 때

세한이 깊고 깊어서 사위가 죄다 먹이다

하여 다시 온 바람을 붓끝에 부리느니

비우고 비운 위에 혼의 집을 짓느니

일 획이 만 획을 품고 한 세계가 졸拙하다

* 石濤畵論 '一畵者, 衆有之本, 萬象之根'에서

(유심, 봄호)

시 작 노 트
　'세한도'를 엿보다니, 실은 전유하고 싶었다. 넘보고 싶었다, 감히. 그러나 위리안치의 집을 언 발로 에돌면서 외롭고 높고 쓸쓸한 고적의 끝둥만 만져 본 느낌이다. 아무리 깊이 빠져도 붓 일천 자루를 몽당붓으로 만든 후에 연 도저한 경지를 시화하기는 가당찮을지 모른다. 그렇지만 닿지 못할 세계를 향한 꿈이 곧 시려니, 동아시아 미학의 한 경지인 古拙 또한 긴 적막 끝의 무유이자 자유려니, 하면서 '혼의 집'을 한 채 들인다. 시의 한 경계로 늘 치어다보고저 —.

정 수 자 1984년《세종숭모제》백일장 장원으로 등단. 시집으로『저녁의 뒷모습』등이 있음. 중앙시조대상, 한국시조작품상 등 수상. 현재 아주대 인문과학연구소 전임연구원.

달팽이

　이라크에서 포성이 쫓아오던 날부터 갑자기 나는 귀를 잃어 버렸다. 누군가의 말을 들으려고만 하면 내 귓속에서 달팽이가 먼저 기어 나온다. 그러고는 내가 들어야 할 말들을 낼름낼름 핥아먹는다. 무슨 말이든 가리지 않고 다 삼켜 버린다. 나는 상대방 입을 보면서 말의 뒤끝이라도 낚아채려 애쓰지만 헛일이다. 달팽이는 말의 뒤끝마저도 흡! 빨아 마신다. 이런 달팽이가 다른 사람들 눈에는 전혀 보이지 않는 모양이다. 달팽이를 잡아채기 위해 용쓸 때마다 사람들은 자못 감탄스러운 눈길로 나를 바라본다. 침묵의 시인이라 부르며 나를 따른다. 내 속에서 말의 집이 부러져 버린 것도 모르고.

(문학과경계, 봄호)

시 작 노 트
　미국이 이라크를 침공하던 날, 마치 전쟁 게임처럼 텔레비전이 참상을 실황 중계하던 날, 나는 귀와 눈을 막아 버리고 싶었다. 그런 내 의지가 작용했는지 달팽이관에서 달팽이가 기어 나오더니 소리가 내 귀에 닿기도 전에 온갖 소리들을 삼켜 버렸다. 그리고 그 날 내 속에서 말의 집도 부러져 내렸다. 이후 내 정신에는 한동안 참담한 공황이 찾아와 누질러 지내다 갔다. 이 시는 그 무렵 씌어졌다.

정 우 영 1960년 전북 임실 출생. 1989년《민중시》로 작품 활동 시작. 시집으로『집이 떠나갔다』『마른 것들은 제 속으로 젖는다』등이 있음.

청도가 수상하다

　지난해 늦가을 시인 문태준과 경상도 청도 갔다가 씨 없는 감을 실컷 먹고 왔다 보고 왔다 씨가 없다니! 청도의 감나무들은 모두 시치미를 떼고 있었다 열매만 주렁주렁 매달아 주고 자취를 감춘 서방들을 어디다 감쪽같이 하나씩 숨겨 두고 있는, 불륜 아니라 무슨 애국지사들의 아내들 같았다 청도의 가을은 그렇게 바알갛게 익어 있었다 없는 감씨로 가득 차 있었다 청도엔 숨어 있는 사내들의 무슨 결사結社가 우글우글했다 미구에 일 낼 것 같았다 수상했다 운문사 가는 길, 길가에서 씨 없는 감을 세 개째 그리고 덤까지 하나 더 사 먹으면서 씨가 없이 씨가 보존되다니! 이건 신격神格이다 나의 감탄사가 소나기로 일어섰다 마침내 운문사 들어 나는 그만 노랗게 기절했다 거기도 씨 없는 감들이 우글우글했다 파르란 비구니들이 우글우글 독경하고 있었다 자비의 결사結社들로 가득 차 있었다 결사를 돕는 모성母性들이 도적처럼 우글우글했다 청도 감씨는 모두 벼락 감춘 금강金剛들이다

(문학사상, 4월호)

시 작 노 트

 청도의 늦가을은 씨 없는 감으로 바알갛게 가득 차 있다. 이 씨 없는 감나무가 방외方外로 나가면 씨 있는 감나무가 된다고 한다. 별난 일이다. 운문사 영덕 스님께 안부 올린다.

정 진 규 1939년 경기도 안성 출생. 1960년 《동아일보》 신춘문예로 등단. 시집으로 『마른 수수깡의 평화』 『연필로 쓰기』 『뼈에 대하여』 『본색』 『몸詩』 『알詩』 등이 있음. 한국시인협회상, 월탄문학상, 현대시학작품상 등 수상.

바쁜 듯이

1
정말 바쁘지는 말고
바쁜 듯이.
그것도 스스로에게만
바쁜 듯이.

2
한가한 시간이 드디어
노다지가 될 때까지 느긋하게
느긋하게 바쁜 듯이.

(문학과사회, 여름호)

정 현 종 1939년 서울 출생. 1965년 《현대문학》으로 등단. 시집으로 『사물의 꿈』 『고통의 축제』 『나는 별아저씨』 『떨어져도 튀는 공처럼』 『사랑할 시간이 많지 않다』 『한 꽃송이』 『세상의 나무들』 등이 있음.

저녁의 기원

 붉은 군조群鳥의 물가로 갔지만 비점沸點이 없는 바다였다. 자기 방이 있는 큰 집을 모래 위에 그려보고 아이들의 영혼은 그 집의 흉한 창이 파도에 지워지길 기다린다. 울지 마, 니들은 공평하게 이름을 나눠 가졌고 생일 달력 위엔 천박한 평등. 아이들은 자랐고 문간에 서서 사라진 사물들에게 냉정하게 하나씩 이름 붙였다.

 해식애海蝕崖와 백사장이 유람선의 승객들에게서 푼돈을 빼앗을 동안, 붉은 덩굴풀은 벽돌벽과 악연을 하나씩 주고받았다. 초년운은 나빴고 말년운은 아예 없는 거나 마찬가지. 쓰여지지 않은 말이 쓰여진 말을 기다리는 시간. 나는 이불을 덮어쓰고 뾰족한 집게발을 꺼내던 구름의 모래 구멍만 생각했다.

 밤의 포자를 날리며 가로등은 낡은 지도에서 돌아온다. 실어증 걸린 청년의 철물점을 지나, 트레일러 안에서 창밖을 흘겨보던 소녀를 따라, 지도엔 등고선이 한 개도 없었다. 흰 활엽 교목이 그늘 아래 목각 인형처럼 걸어 나온다. 둥지와 무덤이 함께 생기던 바다 끝에 앉아 나는 부활절 달걀을 아끼며 까먹었다.

(시작, 가을호)

시 작 노 트

　목책과 건초로 만든 길을 따라, 머리에 인 플라스틱 양동이 속에는 새파란 물이 찰랑거렸다. 여긴 온통 식물로 만든 것 투성이군. 온통 둥글고 네모난 것들밖엔 없군. 파곡波谷으로부터 파정波頂까지, 물결은 걷고 또 걸으며 확신 없이 자기를 삼켰다. 너무 절실한 음식은 수난상 밑의 점심 식사에는 어울리지 않는 것. 나무와 마을은 건계乾季 속으로 사라지고, 메뚜기와 쥐들은 먹을 만한 것을 찾아 우계雨季를 날았다. 누군가 잎을 달아 주면 나무가 될 수 있을 거라는 부질없는 낙담을 물결과 나는 서글프게 주고받았다.

조 연 호 1994년《한국일보》신춘문예로 등단. 시집으로 『죽음에 이르는 계절』이 있음.

흙 속의 잠

붉은 흙방에서 며칠 잠을 자려 한다
온돌 위에 흙을 바르고 다듬고 말리고 또 흙을 바르기를 여러 번,
그 위에 얇게 콩기름을 칠한 다음
다시 여러 날 마르기를 기다려서 완성했다는 흙방

그 방에서 오래 이루지 못한 동그란 잠을 자려 한다
종이 한 장 깔지 않은 흙바닥을 이토록 매끈하게 만든 사람은
어떤 연장보다 빛나는 손을 가졌을 것이다
나는 자꾸 흙바닥을 만져 본다

아무 것도 잡히지 않는, 종이 한 장의 두께도 허락할 수 없는 결곡함을
정신의 가파름으로만 받아들일 수는 없는 일이어서
거죽이 없는 것이 불편함은 아니냐고 물어보는 어리석은 짓을 하느라 몸을 오래 뒤척인다

부드러운 흙은 단단한 바닥이 되어 나를 기다린다
몸을 누이니 따스하고 붉은 흙 기운이 등줄기를 타고 올라와
빈틈없이 몸을 받쳐 준다

단단한 속은 또한 겉이기도 한 것을,
나는 거죽이나 껍질이 어디 있느냐는 두꺼운 장판 같은 물음 한 장 걷어 버리고
흙 속을 파고드는 뿌리같이 희고 깊은 잠을 오래도록 자려 한다

(현대시, 2월호)

시 작 노 트

그 방에서 며칠을 묵었다. 남도의 어느 외딴 절방이었다. 놀랍게도 흙이 몸에 '왔다'. 그 흙방에서 밤이면 오래 바람소리를 들으며 누워 있었다. 적적하고 사납고 또 고요했다. 손으로 방바닥을 자주 쓸어 보았다. 아무것도 잡히지 않았다. 콩기름 냄새가 덜 빠진 방에서 아주 짧은 시간, 깜박 혼미한 낮잠에 들기도 했다. 밖은 이른 여름이었다. 흙이 내 몸을 받아 주어 덜 아팠다. 띠살문 밖은 햇살로 환했고 나는 가끔 방문을 열어 마당을 내다보곤 했다.

조 용 미 1962년 경북 고령 출생. 1990년《한길문학》으로 등단. 시집으로『불안은 영혼을 잠식한다』『일만 마리 물고기가 山을 날아오르다』『삼베옷을 입은 자화상』등이 있음.

이 마음의 걸乭

서울 미대 교수 옷
길가에 벗어 잘 개어 놓고.
혜화동 골목 공주집 구퉁이에
쭈구리며 취해 있던 장욱진 선생이
걸치고 있는 초겨울 햇빛.
그 햇빛 곁이 나 사는 곳.

어제는 잎 다 떨구고 있는 저녁비
혼자 가게 했다.
거적때기 밑에 꺼져 있는 햇빛.
거누구요,
거뉘시요……
땅거미가 먼저 나와 있다.

이 마음의 걸乭.

거적때기가 몸둥어리로 보인다.
한눈파는 사이 세상엔 눈이 내렸다.
얼음밤세상으로 변해 있다.

이 마음의 걸乭.

이 밤에 방금 받은 겨울 산문집,
그 속에 들어 있는
김지하 선생의 손을 쥐고 싶다.
먼저 걸어간 마음의 걸乞,
걸乞, 그러나 뜨거운.
뜨거운, 행行.

눈이 또 온다.
흰 눈 시체들 나를 밟고 지나간다.
더 밟아다오.
더 나를 밟아다오.

(문학동네, 가을호)

시 작 노 트

'걸'은 벗음의 마음이다. 그 마음을 나는 흰 눈에서 느낀다. 거적뙈기에서 느낀다. 산 밑으로 내려온 초겨울 햇빛에서도 느낀다. 그 초겨울 햇빛을 걸치고 있는 마음, 그 벗은 마음. 실현해야 할 마음이 있지도 않거니와, 따라야 할 마음도 있지 않은 마음이다. 그 안을 공^空하게 들여다보며 안에다 대고 '거 뉘시오?' 하고 말을 걸어 본 것이 이 시이다.

조 정 권 1949년 서울 출생. 1970년 목월 추천으로 《현대시학》 등단. 시집으로 『비를 바라보는 일곱 가지 마음의 형태』 『시편』 『허심송』 『산정묘지』 『신성한숲』 『떠도는 몸들』 등이 있음. 녹원문학상, 한국시협상, 김수영문학상, 소월시문학상, 현대문학상 등 수상. 경희사이버대 문창과 교수.

얼굴

아이가 도화지에 처음 그린 얼굴
입이 없어 완벽하다
평생 살아 내야 새길 수 있는 주름살 같은 선線은
다빈치도 그려낼 수 없는 입술을 감춰 놓고 있다
아이 같은 마음에게만 그려지는 숨겨진 입술이 비칠 때
선은 주름의 본성을 드러내고 숨쉬기 시작한다
막, 선의 눈이 깜박여 체온을 부풀리고 있다
본디 도화지같이 평면이었던 내 얼굴도
누군가의 안에서 그려지는 대로 자리 잡아 왔을 것이다
얼마나 많은 연필이 무뎌진 흔적일까, 내 광대뼈는
한 사람의 사랑 고백을 부추겼던, 뺨의 홍조는
또 얼마나 많은 불면의 지우개가 문지른 핏빛일까
내 소리를 주리 틀어 말[言]되게 했던 정신과
이곳까지 걷게 한 소멸로 짙어지는 것들, 모두
얼굴에서 주름살로 되살아난다
주름은 아래쪽으로 처져 있다
입 하나 달아맨 채 선禪에 들어 있다
나는 그 앞에 아무것도 묻지 않기로 한다
아이가 숨겨 둔 미소 하나 들려 나올 뿐이다

(시평, 겨울호)

시 작 노 트

　늙은이가 흥얼거리는 곡조를 들어본 적 있는가. 소리 없는 미소로 흥얼거리는 곡조 말이다. 들리지 않는다면, 반드시 얼굴을 들여다보며 들으시라. 곡조를 떨어내는 주름살이 보이는가. 보이지 않는다면, 당신은 너무 밝은 사람이다. 주름살이 보이는 조도를 찾아 무작정 걸어가시라. 아마도 어둠을 밟는 듯 휘청거릴 것이다. 그리고 어느 날, 태아처럼 웅크린 당신은 주름살이 훤히 보이는 곳에 쓰러져 있을 것이다. 그곳이 어디인지 궁금해 하지 마시라, 다만 당신의 빛을 켜 놓은 발걸음만 기억하시라. 이제, 당신이 밟아 온 과거만큼 어두워져 밝은 당신과 당신이 머물고 있는 공간과 늙은이의 곡조는 모두 같은 조도이다. 다시, 늙은이들만이 부를 수 있는 흥얼歌를 들어보시라. 그리고 늙은이가 주름살 속에 숨겨 둔 것들을 이식하시라. 그것들 중에서 ─ 정말 우연처럼 ─ 당신이 갖고 있었던 것들을 발견하게 될 것이다. 그것이야말로, 모든 사람들이 당신에게서 제일 부러워했던 것들이다. 그러면 이식을 멈추고 당신의 것들을 되찾으시라. 이제, 그곳의 당신은 당신을 향해 걸어가고 있을 것이다.

차 주 일 1961년 전북 무주 출생. 2003년《현대문학》으로 등단.

기러기의 뱃속에서 낟알과 지렁이가 섞이고 있을 때

강가에 물고기 잡으러 가던 고양이를 친 트럭은
놀라서 엉덩이를 약간 씰룩거렸지만
아무렇지도 않게 북으로 질주한다
숲으로 가던 토끼는 차바퀴가 몸 위를 지나갈 때마다
작아지고 작아져서 공기가 되어 가고 있다
흰 구름이 토끼 모양을 만들었다
짐승들의 장례식이 이렇게 바뀌었구나
긴 차량 행렬이 곧 조문 행렬이었다
시체를 밟지 않으려고 조심해도 소용없다
자동차가 질주할 때마다 태어나는 바람이
고양이와 토끼와 개의 몸을 조금씩 갉아먹는다
고양이와 토끼와 개의 가족들은 멀리서 바라볼 뿐
시체라도 거두려고 하다간 줄초상 난다
장례식은 쉬 끝나지 않는다
며칠이고 자유로를 뒹굴면서
살점을 하나하나 내던지는 고양이 아닌 고양이
개 아닌 개 토끼 아닌 토끼인 채로 하루하루
하루하루 석양만이 얼굴을 붉히며 운다
남북을 자유자재로 오가는 기러기의 뱃속에서
낟알과 지렁이가 뒤섞이고 있을 때
출판단지 진입로에서도

살쾡이의 풍장風葬이 열하루째 진행되고 있다

(창작과비평, 봄호)

시 작 노 트
　와따, 우리나라에서도 요로코롬 즘생들이 처참허게 죽어 가고 있다는 걸 모르고 있었단 말이시, 등잔 밑이 어둡다고 허더니, 참말로 호랭이가 물어갈, 나가 인도 가서 길바닥에 걸레처럼 널려 있는 즘생들의 주검을 보고, 받은 심헌 충격을 산문으로 썼는디, 고걸 나의 졸시집 『나무 물고기』 뒤표지에 싣기도 했는디, 고걸 또 「이슬」이라는 제목의 시로도 발표하는 뻔뻔한 짓을 했는디, 아 뻔뻔함이여, 한국의 길바닥에서 나는 수도 없는 즘생들의 시체를 짓밟고 있으니, 요것이 바로 시상이여! 사람도 즘생도 한가지여, 사람들의 시체가 도처에 널려 있어, 헐 말이 없어 더 이상, 어차피 죽을 것 요래 죽으나 조래 죽으나 상관없는 것 아니겄어, 꽐꽝! 모든 것은 이슬, 허깨비! 요로코롬 말허믄 혹자는 또 그러겠지, 차창룡은 죽음이란 그저 이슬이고 허깨비여서 괘념헐 것이 못 된다 주장했다고, 모든 것이 이슬이고 허깨비란 착상은 상투적인 것이라고, 그러지 말기요, 그 이슬, 허깨비가 얼매나 무섭다는 것을 안다문 씨발, 이슬임서로 허깨빔서로 시상은 잘도 굴러가고 있응께로 조또!

차 창 룡 1966년 전남 곡성 출생. 1989년 《문학과사회》로 등단. 시집으로 『해가 지지 않는 쟁기질』 『미리 이별을 노래하다』 『나무 물고기』 등이 있음.

노인과 수평선

저물녘 수평선을 무릎 아래 두고
개를 끌고 가는 노인의
구부정한 실루엣은
전생의 주인을 모시고 가는
충직한 하인처럼 공손하다

다음 생에서 개는 주인이 되고
노인은 개가 되어
서로의 실루엣을 끌고
미래의 한 생애를 살아가고 있을 것이다
먼 바다에서 달려 온 파도가 마지막
어둠의 엉덩이를
해안선에서 철썩 후려쳐 되돌려 보낸 다음

새벽 갈매기가 먹이를 찾아 끼룩거리는
모래사장에서 개와 함께
뛰어 노는 아이들도 한 생애의 바퀴를 굴리고
언젠가 다시 저물녘
수평선을 그의 무릎 아래 두고
구부정한 실루엣과 더불어

개를 끌고 가는 노인이 될 것이다

(불교문예, 가을호)

시 작 노 트
　선가에 개에 불성이 있느냐라는 화두가 전해 온다. 있다 없다 수많은 시비가 있었다. 모두가 질문하는 자의 선입관을 깨기 위한 문답이었을 것이다. 선입관을 깨지 않고 깰 수 없을까. 이 시는 인간의 윤회와 불성에 관한 화두를 내포하고 있다. 어린아이와 노인과 개는 윤회의 사슬을 벗어날 수 없다는 점에서 본질적으로 차별성이 없다. 각자의 삶을 돌아보자.

최 동 호 경기 수원 출생. 1979년 《중앙일보》 신춘문예로 등단. 시집으로 『황사바람』 『아침 책상』 『딱따구리는 어디에 숨어 있는가』 『공놀이하는 달마』 등이 있음. 현재 고려대 국문과 교수.

가문비나무숲

깊이를 드러내지 않는 숲
가문비나무들이 죽을 힘 다해
시간과 바투고 있다
별빛처럼 내려앉는 시간을 비틀어
나이테 안으로 비끄러매고 있다
시간의 형상대로 빚어진 가문비나무들
제 안에 제 시간으로 쟁여 가두고 있다

살갗처럼 꺼칠꺼칠해진 나이
푸석푸석해진 목소리
몸은 정직하고 시간은 공평하다
정복당하지 않으려 시간과 바투다
내 몸에 퇴적된 시간
가파르게 휜 세월의 모습대로 만들어진
내 안의 숲

가문비나무숲에는
숲의 나이만큼 오래오래 뒤틀어진 시간이
숲의 공기만큼, 공기의 두께만큼
충만하게 쌓여 있다
이른 아침 가문비나무숲에는 축축한 시간이

물방울처럼 고여 반짝이고 있다
찰랑, 찰랑거리고 있다
이슬에 젖은 숲이 시간을
도요새 알같이
둥글게 품어 내고 있다

숲은 나이를 모른다
숲은 늙지 않는다

(시와사상, 겨울호)

시 작 노 트

　모든 살아 있는 사물들은 시간과 열심히 싸우고 있다. 시간과 싸우는 과정에 시간의 형상대로 다듬어진다. 사물들은 시간의 아가리를 벗어나고자 처절하게 몸부림쳐 보지만, 결국은 그 안으로 집어삼켜진다. 그게 운명이다. 문학이란, 특히 시란 불가항력으로 옥죄어 오는 시간을 뛰어넘어 영원한 자유를 구가하기 위한 덧없는 욕망의 산물에 지나지 않는다.

최 서 림 1956년 경북 청도 출생. 서울대 국문학과와 동대학원 졸업. 1993년 《현대시》로 등단. 시집으로 『이서국으로 들어가다』 『유토피아 없이 사는 법』 『세상의 가시를 더듬다』와 시론집 『말의 혀』 등이 있음. 현재 서울산업대 문예창작학과 교수.

비스듬히

복숭아나무 똑바로 서 있는 거 못 봤다
꼭 비스듬히 서 있다
길가에서 길 안쪽으로 쓰러지는 척
구릉 아래쪽으로 기울어
몸 가누지 못하는 척

허공에 진분홍 풀어
지나가는 사람 걸어 넘어뜨리려고

안 속는다, 안 속아

몸은 이쪽에 머리는 저쪽에 풀어 두고
왜 서 있나
비틀비틀 무슨 생각하며 걸어 왔나

도화
길 밖으로 꽃잎 다 흘리고

안 속는다, 안 속아

(문예중앙, 겨울호)

시 작 노 트

  미루나무는 똑바로 곧게 서 있고, 느티나무는 수백 년을 젊잖게 서 있고, 낙락장송은 꿋꿋, 처연하게 서 있는데, 왜 복숭아나무는 꼭 비스듬히 서 있나, 길가에서도 구릉에서도 넘어지려는 듯 비스듬히, 무슨 생각으로 그렇게 서 있나, 그것도 촌스런 분홍색으로 뺨을 붉히고, 나, 에로틱하지 않아 ? 몸을 꼬면서…… 왜 그러는지 모르겠다.

최 정 례 1990년《현대시학》으로 등단. 시집으로『내 귓속의 장대나무숲』『햇빛 속에 호랑이』『붉은 밭』 등 있음. 현재 고려대 강사.

바늘

나도 바늘이 되어야겠네.
몸은 모두 내어 주고
한 줄기 힘줄만을 말리어
가늘고 단단하게
꼬고 또 꼬고
벼루고 또 벼루어
휘어지지 않는 신념으로
꼿꼿이 일어서
정수리에
청정하게
구멍을 뚫어
하늘과 통하는
길을 여는
나도 바늘이 되어야겠네.

(문학마당, 여름호)

시 작 노 트

　진정한 삶은 욕심을 버리는 일에서 출발해야 한다는 걸 나이가 들어서 비로소 깨닫습니다. 그렇지요. 부자가 천국을 들어가기는 낙타가 바늘귀를 통과하기보다 어렵다는 말의 힘을 이제야 알겠습니다. 그래서 「바늘」이 되기로 했습니다. 바늘이 되어 예지를 얻고, 그를 통해 영원과 소통하고 싶은 겁니다.

한 광 구 1974년 《심상》으로 등단. 시집으로 『이 땅에 비 오는 날은』『상처를 위하여』『꿈꾸는 물』『서울 처용』『깊고 푸른 중심』『산으로 가는 문』『산마을』 등이 있음. 현재 추계예술대학교 문예창작과 교수.

입술

너의 입술이 나에게로 왔다
너는 세기말이라고, 했다

나의 입술이 네 볼 언저리를 지나갔다
나는 세기초라고, 했다

그때 우리의 입김이 우리를 흐렸다

너의 입술이 내 눈썹을 지나가자
하얀 당나귀 한 마리가 설원을 걷고 있었다

나의 입술이 너의 귀 언저리를 지나가자
검은 당나귀 한 마리가 석유밭을 걷고 있었다

바람이 불었다
거리의 모든 쓰레기를 몰고 가는 바람

너의 입술이 내 가슴에서 멈추었다
나의 입술이 네 심장에서 멈추었다

너의 입술이 내 여성을 지나갔다

나의 입술이 네 남성을 지나갔다

그때 우리의 성은 얼어붙었다

말하지 않았다
입술만 있었다

(현대문학, 11월호)

시 작 노 트

금세기는 허공에 커다란 입술을 걸어놓고 있다.

누구의 입술도 아닌 금세기, 라는 시간의 입술. 그 입술을 빌어 누군가는 전쟁을 일으키고 누군가는 테러를 한다. 누군가는 사랑을 하고 누군가는 저 멀리로 통신을 한다. 입술은 어떤 공간으로 들어갈 수 있는 통로일 따름인데 마치 그 입술을 금세기는 공간처럼 사용한다. 아직 누구도 공간으로 들어가지 못했다는 느낌, 그것이 허공에 걸린 입술을 바라보는 안타까움이다.

허 수 경 1964년 경남 진주 출생. 1987년 《실천문학》으로 등단. 시집으로 『슬픔만한 거름이 어디 있으랴』 『혼자 가는 먼 집』 『내 영혼은 오래 되었으나』 등이 있음. 동서문학상 수상.

폭풍의 언덕

봄비 한번 제대로 오니 온 산 휘두르는 봄꽃 봄꽃들
그 꽃그늘에 가린 진달래도 살살 타되,
꽃송이 몇 대 못 올리는 건 너나 나나 한 가지

한 섬 눈물 흘리며 황사 지나는 사이
거품 문 생각들 죽어 떠내려가는 사이
창밖엔 봄을 몰고 가는 하얀 바람 보이고

얼마나 많은 꽃들 이 별에선 피고 지는지
얼마나 많은 일들 벌어지는지 알 수 없으니
그렇지, 그럴 수도 있겠지…… 못 참거나, 부끄럽거나

두려운 건 아무렇게나 덜걱대는 심장이어서
미안한 건 하다 만 연애나 읽지 않은 책들일까
농익은 포도주 마냥 깊어 가는 내 저녁.

(유심, 가을호)

시 작 노 트

술을 잘 먹지도, 잘 알지도 못하면서 '농익은 포도주 마냥 깊어 가는 내 저녁'이라 한 것은 비유적으로 내 인생의 저녁이 잘 익은 포도주 마냥 아름다운 빛과 깊은 맛을 내주기를 바라는 뜻을 담고 싶었기 때문이라고, 군더더기 말을 해야 하는 게 우습다. 시를 詩的으로 이해해 주길 바라면서.

어찌 내 인생만이 '폭풍의 언덕'일까만, 근년의 나는 우박을 동반한 폭풍우 속을 질주하는 맨발의 여인이었다. 그랬다. 지금 나뭇잎 끝에서 영롱한 물방울이 떨어지고 내 방 깊숙이 햇살은 뽀얀 발로 걸어오고 있다.

그간 함부로 대해 온 몸을, 비싼 대가를 치르며 돌보고 있다. 가슴에게 심장에게 빌면서.

홍 성 란 1989년 《중앙시조백일장》 장원으로 등단. 시집으로 『바람 불어 그리운 날』 『따뜻한 슬픔』 등이 있음. 중앙시조대상 신인상, 유심작품상, 중앙시조대상 수상.

방안에 핀 동백

 겨울이 가기 전에 꽃피고 싶었다 꽉 다문 잇새로 아뜩한 어지럼증이 새나왔다 이 방을 떠나야 한다 냉골의 장판에 싸늘한 몸을 세우려는 순간, 방안의 가구들이 휘잉 돈다 채로 휘갈긴 팽이처럼 내 몸이 돈 것도 같다 몸속에 붉게 피멍드는 것도 눈치 채지 못했다 캄캄한 방, 사방 벽에 별들이 돋아 무서운 속도로 돌고 있다

 춥다 지상에 서 있는 것들 모두 이 어지럼증을 견디고 있나 눈을 감아야 환히 보이는 회전의 관성, 너를 중심에 두고 내가 도는지 내 속을 들여다보며 나 스스로 도는지 문밖 바람이 채찍으로 내 정신을 후려갈긴다 정수리 끝으로 몰리는 피, 핑그르 원심분리 파편으로 피는 붉은 꽃잎들!

(현대시학, 3월호)

시 작 노 트
 누군가 내 영혼의 빗장뼈를 밟을 때 내 안의 중심에 균열이 생긴다. 원자들이 쪼개지며 핵분열을 일으킨다. 원심에서 분리되어 파편으로 튀어 나가는 날선 언어의 꽃잎들! 과녁은 당신의 심장이다.

홍 은 택 1958년 경기 광주 출생. 1999년 《시안》으로 등단. 시집으로 『痛點에서 꽃이 핀다』와 역서 『영어로 읽는 한국의 좋은 시』가 있음.

당진 장고항 앞바다

갑판에 누워 있는 우럭들을 마주하고 소주를 마신다.
회칼로 생살 구석구석을 저미는 눈부신 아픔에 몸 다 내준
더 무덤덤한 얼굴들.
이제 더는 없어, 하며 하나같이 가시를 내보이는
저 썩 괜찮은 죽음의 아이콘들!
회는 조금 달고, 소주 몇 모금 끄트머리는
안주가 생살이라고 알맞게 핏기운을 풍긴다.
던지는 회 몇 점 갈매기들이 공중에서 받아먹고
발동 끈 뱃머리에서 바람이 소리 없이 웃고 있다.
그 언제가 몸의 살 그 누구에게 눈부신 아픔으로 내주고
뼈마디들도 내주고
무덤덤한 얼굴을
삶의 얽힘과 풀림의 환유換喩로 삼을 날인가?
갑판에서 얼굴 하나가 불현듯 눈을 크게 뜬다.

(문학과사회, 가을호)

황 동 규 1938년 서울 출생. 1958년 《현대문학》으로 등단. 시집으로 『어떤 개인 날』『비가』『나는 바퀴를 보면 굴리고 싶어진다』『풍장』『악어를 조심하라고?』『몰운대행』『미시령 큰바람』『외계인』『버클리풍의 사랑 노래』『우연에 기댈 때도 있었다』 등이 있음.

김명인 고영민 권혁웅 김광렬
파문   악어   마징가 계보학   풀잎들의 부리   환상통

윤의섭 이달균 이종문 임동확
붉은 달은 미친 듯이 궤도를 돈다   장롱의 말   봄날도 환한 봄날   나는 오래전

이창수 허형만 최하림 함민복
물오리 사냥   첫차   때로는 네가 보이지 않는다   말랑말랑한

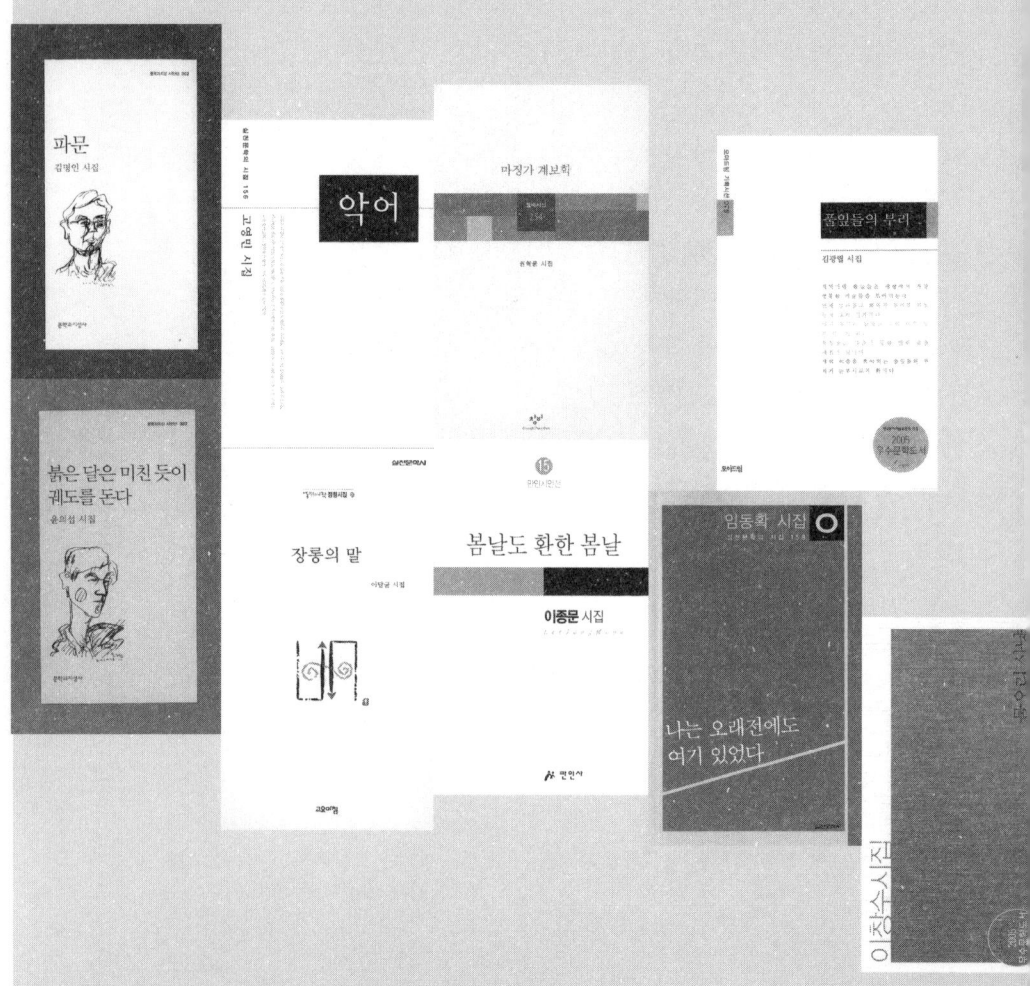

김신용 맹문재 신해욱 오규원
운 이유   간결한 배치   새와 나무와 새똥 그리고 돌멩이
장석주 정　양 천양희 박진성
있었다 붉디 붉은 호랑이 길을 잃고 싶을 때가 많았다 너무 많은 입 목숨
황병승
장 남 자 시 코 쿠

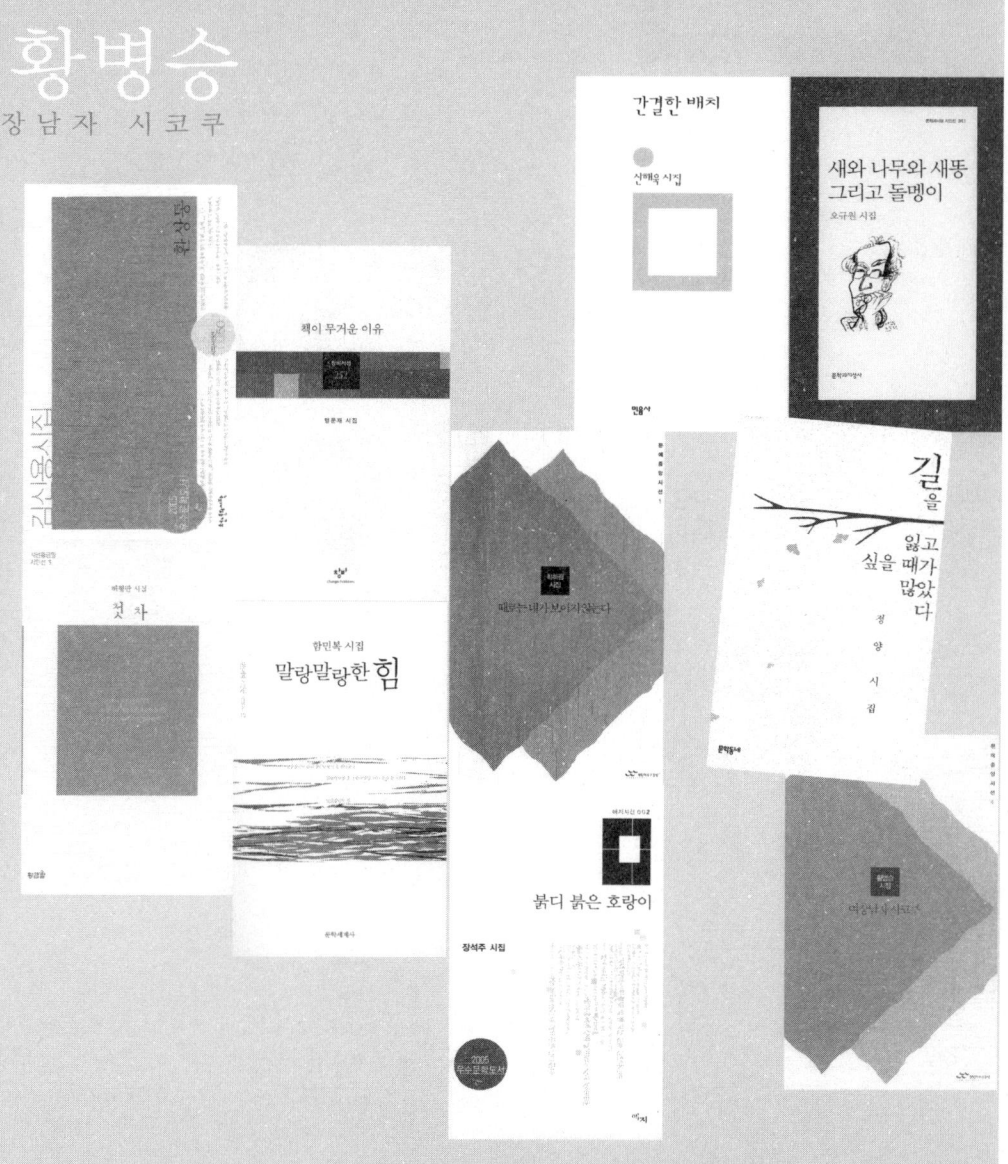

어떤 상처도 스스로 아물게 하는
神癒가 있는가 딱지처럼
천천히 시간의 블라인드 내리면 풍경과도 차단되어
비로소 손끝으로 만져지는 죽음의 속살

해도 예전의 그 해가 아니라서
오늘은 한 치쯤 더 짧게
고동 소리가 수평선을 잡아당겨 놓는다

— 「장엄 미사」 중에서

애매하고 모호한 어법의 이면
— 김명인 시집 『파문』, 문학과지성사

김용락

　김명인 시인하면 그가 20대 후반에서 30대 초반에 걸쳐 쓴 청년기 특유의 까닭 모를 슬픔과 번민, 허무주의, 그리고 신식민지 동두천의 아픔과 폐허를 통해 약소민족의 설움을 노래한 '동두천' 연작시가 떠오른다.
　"기차가 멎고 눈이 내렸다 그래 어둠 속에서/번쩍이는 신호등/불이 켜지자 기차는 서둘러 다시 떠나고//내 급한 생각으로는 대체로 우리들도 어디론가/가고 있는 중이리라"로 시작되는 유장한 가락과 치열한 역사의식이 적절히 결합된 동두천 연작시는 김명인을 일거에 우리 시단의 중요한 시인으로 자리 세웠다. 아마 현재 3, 40대 이상의 시인들은 대체로 김명인의 '동두천'을 한두 번 이상씩은 읊조리면서 시인의 대열에 들어섰을 것이다.
　나 역시 그랬다. 동두천을 읽으면서 70년대 말 유신시대의 폭압정치와 미국의 제국주의적 한반도 정책 같은 역사의식과 사회과학에 조금씩 눈떠 갔고 이런 것들이 이후 내 시의 자양분이 됐으며, 김명인 시의 정신은 또 당시의 시대정신을 대표하기도 했다.
　그 풋풋한 감성과 치열한 현실의식을 선보인 30대 초반의 김명인이 첫시집 『동두천』을 출간한 이래 30여 년이 지나 이순이 되어 드디어 여덟 번째 시집 『파문』(문학과지성사, 2005)을 펴냈다. 시인은 이 시집을 출간하고 문단의 대산문학상을 수상했으며, 또 동료 문인들이 추천하는 올해의 좋은 시집 추천에서도 높은 점수를 얻었다고 하니 장년에 든 그에게 행복(?)을 가져다 준 시집임에 틀림없어 보인다.

그러나 이 시집을 읽는 독자들은 결코 행복하기가 그렇게 쉽지만은 않을 것 같다. 무슨 말인가 하면 『파문』은 독자들에게 호락호락 마음을 열지 않는다. 시집 뒤편에 해설을 쓴 이숭원 교수가 적절히 지적하고 있듯이 "안이한 마음으로는 접근이 허용되지 않는 비의의 성 같"아서 "언어의 촉각을 높이 세우고 정신의 긴장을 꾀할 때 비로소 시의 문턱을 넘어서는 길이 열"리기 때문이다.

이것은 중견의 비평가 입장에서 하는 말이다. 일반 독자들에게는 이 시집을 쭉 읽어가 보면 시인이 무엇을 말하려는지를 알기가 쉽지 않은 시들이 많다. 뭔가를 이야기하는 듯하다가 다시 관념적인 어구나 내용으로 돌변해서 애매하고 모호한 느낌을 주는 게 사실이다. 이 시집에 실린 시들을 단지 이미지 변용이나 언어실험으로만 읽기에는 그간 김명인 시인이 보여온 시세계가 간단하지 않았기 때문에 그런 식으로 단정적으로 결론을 지울 수도 없다.

시집의 이런 특성은 굳이 긍정적으로 본다면 문학으로 연마된 높은 정신의 영역을 성취했다고 할 수 있으며, 순도 높은 언어의 성을 구축했다는 찬사를 얻을 수 있을지 모르나 달리 보면 초기 동두천에서 보여주었던 명쾌하고 날카롭던 현실인식은 사라지고 그 공간에 뭔가 애매하고 난해한 세계인식과 자아의 변형된 모습만이 남아있다는 평가를 얻을 수 있다.

나는 평소 어려운 시에 대해 비판적인 입장을 취해 왔다. 복잡한 후기산업사회, 중층적인 인간관계가 종횡으로 복잡하게 연결된 현대정보사회에서 위축되고 소외되고 왜곡된 자아가 병적인 모습으로 드러나는 게 난해시의 정체라고 생각해 오고 있다. 시가 소통의 도구가 되어야한다고 생각한다. 시를 생산하는 시인과 그것을 소비하는 독자간에 소통과 교감이 있어야 비로소 시로 성립한다고 생각한다.

적어도 독자들이 그 시에 대해 무슨 소리인지, 뭘 이야기하려고 하는지는 알아야 그게 시가 되는 것이지 그렇지 않다면 그것은 시 이전의 언롱에 그치고 만다. 물론 독자층도 다양하니까 상대적으로 문학적 교양이 높은 사람은 이해하는 범위가 넓을 수는 있지만, 저간의 보통사람이 알아먹을 수 있어야한다는 게 평소 내 생각이다.

그러나 이러한 내 개인적인 불만에도 불구하고 『파문』이 갖고 있는 나름의 중후한 세계관과 경박하지 않은 언어구사, 존재와 내면에 대한 성찰 등은 현재 우리 시단에서 빚어내는 여타의 시에 비해 한 걸음 더 나아간 뛰어난 시집임에는 분명해 보인다.

다음 시를 살펴보자.

    늦은 귀가에 골목길을 오르다 보면/입구의 파리바게트 다음으로 조이미용실 불빛이/환하다 주인 홀로 바닥을/쓸거나 손님용 의자에 앉아 졸고 있어서/셔터로 가둬야 할 하루를 서성거리게 만드는/저 미용실은 어떤 손님이 예약했기에/짙은 분 냄새 같은 형광불빛을 밤 늦도록/매달아놓는가 늙은 사공 혼자서 꾸려나가는…(중략) 세헤라자데는 쉴 틈 없이 입술을 달싹이면서/얼마나 고단하게 인생을 노 저을 것인가/자꾸만 자라나는 머리카락으로는/나는 어떤 아름다움이 시대의 기준인지 어림할 수 없겠다/다만 거품을 넣을 때 잔뜩 부풀린 머리끝까지/하루의 피곤이 빼곡히 들어찼는지/아, 하고 입을 벌리면 저렇게 쏟아져 나오다가도/손바닥에 가로막히면 금방 풀이 죽어버리는/시간이라는 하품을 나는 보고 있다!

―「조이미용실」 부분

절벽 위 돌무더기가 만든 작은 틈새/스치듯 꽃뱀 한 마리 지나갔다/현기증 나는 벼랑 등지고 엉거주춤 서서/가파른 몸이 차오르던 통로와 우연히 마주친 것인데/그때 내가 본 것은 화사한 꽃무늬뿐이었을까/바닥 없는 적요 속으로 피어올랐던 꽃뱀의 시간이/눈앞에서 순식간에 제 사족을 지워버렸다/아직도 한 순간을 지탱하는 잔상이라면/연필 한 자루 이어 놓으려던 파문 빨리 거둬들이자/잘린 무늬들 그 허술한 기억 속에는/아무리 메워도 메워지지 않는/말의 블랙홀이 있다 마주친 순간에는 꽃잎이던/허기진 낙화의 심상이여!/꽃뱀 스쳐간 절벽 위 캄캄한 구멍은/하늘의 별자리처럼 아뜩해서/내려가도 내려가도 바닥에 발이 닿지 않는다/끝내 지워버리지 못하는 두려운 시간만이/허물처럼 뿌옇게 비껴 있다

―「꽃뱀」전문

　　「조이미용실」은 변두리 골목길 밤늦게까지 불이 꺼지지 않은 미용실의 전경을 시화한 것이다. 도심의 고급미용실처럼 시대의 유행을 주도하지도, 그렇게 번창하지도 못한 미용실이 늦게까지 불을 켜고 손님을 기다리고 있는 모습을 통해 서민들의 간난스런 생활과 쓸쓸한 삶의 근원적인 비애를 보여주고 있다. 우리들의 인생이란 게 사실 오지 않는 손님을 기다리기 위해 졸음을 참고 하품을 해가면서까지 밤늦도록 희망의 불을 끄지 못하고 고단하게 노를 젓는 게 아닌가? 삶의 어떤 본질적인 문제에 대해 이 시는 발언을 하고 있는 것이다. 그러면서도 인간의 삶은 어떤 유한한 시간과 관계 있다는 사실을 시인은 시의 끝부분에서 언급하고 있다.

　　시의 화자가 보고있는 '시간이라는 하품'의 의미는 무엇일까? 미용실의 이름과는 달리 즐거움(조이 joy)도 없고 손님도 없는 공간이지만 그래도 문을 닫지 못하는 것처럼 인생도 뾰족하게 즐겁거나 희

망이 있는 것이 아니더라도 어쩔 수 없이 살아내고 견디어야 하는 삶의 숙명적 견인주의에 대해 이야기하는 것은 아닐지.

「꽃뱀」은 시의 화자가 산을 오르다가 절벽 위 돌무더기에서 꽃뱀 한 마리를 만난다. 그 꽃뱀은 화자를 스쳐 구멍 속으로 들어가 버린다. 순식간에 사라진 꽃뱀의 화사한 꽃무늬의 아름다움에 대해 글을 쓰고자 하지만 그 무늬는 이미 파문이 되어 잔상조차도 제대로 남아있지 않다. 화자는 그 아름다움의 기억을 복원하려고 하지만 결국 "아무리 메워도 메워지지 않는 말의 블랙홀이 있"을 뿐이라는 자조를 통해 언어의 근원적인 한계에 대해 말한다. 언어라는 것은 "하늘의 별자리처럼 아뜩해서/내려가도 내려가도 바다에 발이 닿지 않는" 그 어떤 것이라는 사실을 이 시는 고백하고 있는지 모른다.

김명인의 『파문』에는 애매하고 모호한 어법이 상존해 있다. 그러나 언어에 대한 경각심을 가지고 그 이면을 집요하게 파헤치다 보면 그곳에는 생과 죽음, 실존과 시간의 유한성에 대한 질문과 같은 결코 만만치 않은 삶의 비의에 대한 고통스런 기록을 만날 수도 있다.

김 명 인 1946년 경북 울진 출생. 1973년 《중앙일보》 신춘문예로 등단. 시집으로 『동두천』『물 건너는 사람』『바다의 아코디언』『파문』 등이 있음. 소월시문학상, 현대문학상, 이산문학상 등 수상. 현재 고려대학교 문예창작과 교수.

김 용 락 1959년 경북 의성 출생. 1984년 《창비신작시집》으로 등단. 시집 『푸른별』『기차소리를 듣고싶다』와 비평집으로 『지역, 현실, 인간 그리고 문학』 등이 있음. 현재 경북외국어대학교 국제학부 교수.

무릎까지 바지를 내리고 산중턱에 걸터앉아
그분의 시를 정성껏 읽는다
읽은 시를 천천히 손아귀로 구긴다
구기고, 구기고, 구긴다
이 낱장의 종이가 한 시인을 버리고,
한 권 시집을 버리고, 자신이 시였음을 버리고
머물던 자신의 페이지마저 버려
온전히 한 장 휴지일 때까지
무참히 구기고, 구기고, 구긴다
펼쳐보니 나를 훑고 지나가도 아프지 않을 만큼
결이 부들부들해져 있다
한 장 종이가 내 밑을 천천히 지나간다
아, 부드럽게 읽힌다
다시 반으로 접어 읽고,
또다시 반으로 접어 읽는다

―「똥구멍으로 시를 읽다」 중에서

시 혹은 삶에 대한 예의
― 고영민 시집 『악어』, 실천문학

고인환

문학 작품을 감상하면서 구체적 일상과 동떨어진 나만의 세계를 살아가고 있는 것은 아닌지 곱씹어 볼 때가 있다. 서정의 결을 이리저리 난도질하던 지적 허영이, 시의 미로에 갇혀 허우적거리는 우스꽝스러운 자화상으로 되돌아온 것은 아닐까. 요즘 시를 읽으면서 텍스트의 안과 밖 어디쯤에 서야 할지 혼란스럽다.

　삶의 일면을 전경화 함으로써 마치 그것이 인생의 전부인 양 과장하는 시들을 종종 만난다. 최근 새로운 경향으로 주목받고 있는 젊은 시인들의 시들이 이와 무관하지 않은 듯하고, 전통 서정과 이어진 생태시 경향의 작품들도 이러한 평가에서 자유롭지 못할 터이다. 징후적 요소를 마치 중심 담론인 양 선전하는 태도도 선뜻 동의하기 어렵고, 자질구레한 일상의 결이 소외된, 우주적 고뇌를 짊어지고 있는 포즈에도 영 호감이 가지 않는다.

　고영민의 시는 이 두 경향 사이에 보금자리를 튼다. 한 평론가의 지적처럼 그의 시는 "따뜻하고 질박하며 소탈하다". "타자와의 끝없는 소통 욕망과 가족적 유대감에 대한 지향은 날카롭고 차갑게 벼려진 현대인의 마음에 온기를 불어넣"(엄경희)기에 충분하다.

　특히, 시에 대한 자의식은 읽는 이의 시선을 오래 머물게 한다. 「똥구멍으로 시를 읽다」를 보자. 겨울산을 오르다 갑자기 똥이 마렵다. 휴지를 찾으니 없다. 휴지가 될 만한 종이라곤 어느 시인의 시집 한 권이 전부다. 겨울이라 낙엽도 여의치 않다. 할 수 없이 "무릎까지 바지를 내리고 산중턱에 걸터앉아" 시집의 낱장을 "무례하게" 찢는다. 시를 정성껏 읽는다. "이 낱장의 종이가 한 시인을 버리고,/한 권 시집을 버리고, 자신이 시였음을 버리고,/머물던 자신의 페이지마저 버려/온전히 한 장 휴지일 때까지" "무참히 구기고, 구기고, 구긴다". 펼쳐보니 밑을 훑고 지나가도 아프지 않을 만큼 결이 부들부들해져 있다. 이윽고 한 장 종이가 시인의 밑을 천천히 지나간다.

>아, 부드럽게 읽힌다
>다시 반으로 접어 읽고,
>또다시 반으로 접어 읽는다
>―「똥구멍으로 시를 읽다」 부분

휴지로 전락한 시. 그러나 시인은 "다시 반으로 접어 읽고/다시 반으로 접어" "부드럽게 읽"는다. 비록 휴지로 몸을 바꾸었지만, 눈으로, 밑으로 연거푸 읽히는 시는, 그 시를 쓴 시인은 누구보다 행복하리라. 시에 대한 애정과 고뇌, 예의가 잘 드러나 있는 장면이다. 그래서 시인들은 돈이 되지 않는 시를 열심히 쓰고 있는지도 모른다. 이런 시인들이, 시들이 있기에 세상은 아직 따뜻하다.

「詩에 문상을 가다―구상 선생님께」는 어떤가. 시인은 원로시인의 문상 자리에서 "그의 시 같은 밥을 먹는다". "시인은 죽고 상 한가득 허기진/시만 남았다". 거룩한 식사를 겸한 이 마지막 수업, 말석에 앉아 시인은 새삼 시를 배운다. "떠듬떠듬 그는 낭독하고/나는 미어지게 듣는다". 시와 밥이 한몸이다. 입 안에서 흩어지는 시가, 밥알이, 뱃속에서 한참 동안 뜨겁다. 이 한참 동안의 뜨거움이야말로 일용할 양식으로서의 시가 아닐까.

  시에 대한 예의는 자연스레 삶에 대한 태도로 확장된다.「발가벗은 책」을 보자. "전에 읽고 꽂아둔/책 한 권을 꺼내" "천천히 훑다보니/한 페이지의 귀가 얌전히 접혀 있다". "순한 짐승의 귀 같다". "한 페이지의 귀가 접히던 시간", "너와 내가 한 이불을 덮고 발가벗고/곤히 잠들었던 늦은 밤의 시간". 이제 와 다시 보니 낯설다. "너는 있고 내가 없는 자리에 남겨진/이 까닭모를 책의 중반부", 접힌 귀 이쪽 저쪽은 "건너지 못할/협곡처럼 깊"다.

  시인은 "접힌 한 페이지의 귀를 펴/네 안에 너를 도로 묻어준다". 그러자 "서슴없이 너는 첫 장을 펼쳐/줄거리를 내 안에 復記하기 시작"한다. 삶이란 이런 것이 아니겠는가. 이 건너지 못할 협곡을 무리하게 봉합하려고 하니, 무리수가 생기지 않을 수 없는 일. 제 안에 무엇을 받아들일 준비가 되지 않은 상대에게 자신을 받아들이라고 윽박지르기보다, 접힌 귀를 펴 "네 안에 너를 도로 묻어"주는 시인의 모습이 정겹다. 사정이 이러한데, 어찌, 너와 내가 함께 한 "추억"이 "발가벗은" 마음의 문을 열지 않겠는가.

  「틈에 관하여」는 또 어떤가. 빼내 읽은 책을 "제자리에 다시 꽂으려고 하니", "빽빽한 책 사이" 틈을 내기 어렵다. 있던 자리도 없어져 버리기 일쑤다. 그러나 시인은 "옆의 책을 조금 빼내/함께 밀어" "가까스로" 틈을 낸다. "반듯이 앉도록" "조금만 그렇게 迷宮을 들썩"인다면, "없던 틈으로 당겨져" 서로에게 들어갈 수 있다.

  이렇듯, 고영민은 시 혹은 삶에, 따스한 공감의 틈을 낸다. 고달프고 힘들지만, 우리는 여전히 삶을 살아내야(굵게) 한다. 그의 시는 이 살아내는 힘을 낮은 목소리로 읊조린다.

부정의 서정이 판을 치는 각박한 세상에서, 고영민의 시가 내장한 울림의 파장이 적지 않는 이유도 여기에 있다.

고 영 민 1968년 충남 서산 출생. 중앙대학교 문예창작과 졸업. 2002년《문학사상》으로 등단. 시집으로『악어』가 있음.

고 인 환 경희대 국문과와 동대학원 졸업. 2001년《중앙일보》신인상으로 등단. 저서로 『결핍, 글쓰기의 기원』『이문구 소설에 나타난 근대성과 탈식민성 연구』『말의 매혹: 일상의 빛을 찾다』등이 있음. 현재 계간『문학과경계』편집위원, 경희대 교양학부 전임강사.

너를 잡을 때마다 네 밖은 봉긋하게 솟아오르고 너는 그 수위 너머로 잠겨든다 그러나 산도産道에 이르기까지 네가 움켜쥔 길은 이합離合하거나 집산集散할 것이니, 모래가 흐르듯 네 손을 빠져나가는 운명을 악착으로도 막을 수는 없을 것이다 네가 붙든 그것이 바깥이어서, 너를 잡을 때마다 네 안은 우묵하게 오므라든다

— 「수상기手相記 2」 중에서

변죽의 수사 그 너머에 있는 본문
— 권혁웅 시집 『마징가 계보학』, 창비

김 문 주

『마징가 계보학』은 지리학과 기억이 만든 한 시대의 풍속사이자 이를 복기復棋하는 한 개인의 성장기이다. 시인의 소소한 역사들이 풍속과 결합함으로써 『마징가 계보학』은 우리가 지나온 한 시절의 풍경을 들추어 보인다. 특정한 지역을 촘촘하게 짚어가면서 불러내는 놀라운 기억술은 그 집요함과 풍요로움만으로도, 경이롭다. 공동의 기억으로 살아오게 하기 위해, 한편으로는 살아오는 기억의 무게를 덜어내기 위해, 시인은 '지금-여기'에는 없지만 '한때-여기'에 있었던 사람들과 삶을 대중매체의 주인공들과 함께 호명한다. 시인이 어린 시절의 기억의 골목들을 하나하나 들추어 가는 동안, 곳곳에 놓여진 소도구들에 힘입어, 우리들은 저마다의 기억들을 동반하여 이 기행에 참여하게 된다. 마징가, 투명 인간, 가위손, 스파이더맨, 드래곤, 드라큘라, 독수리 오형제, 슈퍼맨, 배트맨, 엑스맨, 아톰, 원더우먼과 악당들, 황금박쥐, 애마부인 등 한 시절을 주름잡던 이들과 함께 하는 이 기행은 탁월한 복원술을 가진 시인에 의해 고단하지도, 그렇다고 유쾌한 것도 아닌 그저 한편의 만화경이 된다.

그러나 시인이 그려내는 이 계보는, 단순히 한 시절을 복원하는 지도는 아니다. 그것은 기억도 풍경도 아닌 계보이다. 시인은 그 시절과 관련된 모든 것들을 수집하여 특정한 방식으로 분류하고 조직한다. 따라서 그 계보는 매우 지적인 것으로써 철저하게 통제된 언어들로 작성되어 있다. 권혁웅의 계보학에 출현하는 대부분의 사람들은 소외되고 신산辛酸한 생을 살다간 이들이지만, 시인은 이들의 삶에 마음을 내려놓지 않는다. 수면 위를 날렵하게 스치며 아름다운 물수제비를 뜨는 조약돌처럼, 권혁웅의 언어들은 납작하고 단단하다. 그것은 시인의 계보학이 그것을 구성하는 군상群像들의 삶을 궁극적인 목표로 삼고 있지 않기 때문이다. 『마징가 계보학』은 서울의 한 변두리 지역을 활동무대로 했던 사람들의 삶과 그 시절에 청소년기를 보냈던 이들이 공유했던 대중매체의 경험과 상상력, 그리고 그 난장亂場의 시절을 목격한 어린 화자와 기억을 바탕으로 하여 그 시절의 계보학을 꾸리는 현재의 성인 화자로 구성되어 있다. 시집은 표면적으로는 '나'의 기억 속으로 소환되는 사람들의 삶과 가족사를 복원하는 일에 집중하고 있지만, 그 복원의 수사가 의식하는 것은 난장의 한 세월을 숨죽이며 목격하였을 〈어린 화자의 시선〉이다. 어린 화자의 입장에서는 지극히 공포스러웠을 경험이 풍속의 상상력으로 전환될 수 있었던 것은, 기억의 계보학이 현재의 '나'에 의해 정리되고 있기 때문이다. 이는 고통스러운 기억을 상투성에서 구원하려는 전략인 셈이었다.

　"느티"라는 말의 내밀함에 힘입어 "느티, 하고 부르면 내 안에 그늘을 드리우는 게 있다"(「내게는 느티나무가 있다 1」)고 고백한 시인의 내면에는 "칭얼대며 걸어" 나오는 "어린 것"이 있다. "부정의 힘으로 나는 왔다 나는 아니다 나는 안이다"라는 시인의 고백은 유쾌하고 날렵하게 빠져나왔던 어린 화자의 경험들이 깊은 어둠으로 자리잡고 있음을 암시해 준다. "밥을 먹지도 않고/온기를 쐬지도 않는" "한번도 동네 노인들과 어울리지 않으셨"던 "그저 현관 앞에 나와 담배를 태우며/하루 종일 앉아 있을 뿐이었던" '할머니'의 삶은, 명확히 의식하지는 못했을지라도 〈「세상의 끝」〉에 닿아 있었던 "연소자 관람 불가" 시절의 '어린 화자', 그 시절에 관한 계보를 작성하는 '현재의 나'의 삶에 "한번도 흔들린 적이 없"이 남아있는 '둥치'는 아닐까. 세상의 끝을 본 아이는 늙지 않는 법이다, 아니 늙을 수 없게 된다. 상상의 서사를 통해 기억을 복원하려는 시인의 언어는 한 귀퉁이에서 자신을 보는 '어린 화자'를 의식하지만 능숙한 화술로써 연막을 친다. 그리하여 내게는, 권혁웅이 그리는 계보학, 아니 계보학을 그리는 그의 마음이, 너무 슬프다. 우리가 『마징가 계보학』의 수사를 좀더 섬세하게 읽어야 할 이유는, 그가 그려놓은 기억의 계보가 "여기에 있었"지만 "여기에 없"는 그리하여 "다른 윤곽"이라고 할 수 있다는 점, 거기에 이 시집의 본문이 있다는 사실 때문이다.

권 혁 웅 1967년 충주 출생. 1997년 《문예중앙》으로 등단. 시집으로 『황금나무 아래서』 『마징가 계보학』 등이 있음. 현재 한양여대 문예창작과 교수.

김 문 주 2001년 《대한매일》 신춘문예 평론으로 등단. moon1711@hanmail.net

불타버린 반쪽 밑둥 사이로
힘겹게 새 희망을 차올렸다

희망 앞에서 절망은
날개 잃은 새

죽음을 용납하지 않는다
선흘리 후박나무

팽팽한 긴장을 늦추지 않고
살기 위해 부르르 몸 떨었다

—「선흘리 후박나무」중에서

썩은 밑동에서 새순이 돋는다
— 김광렬 시집 『풀잎들의 부리』, 모아드림

고 봉 준

김광렬의 시집 『풀잎들의 부리』의 지배적 정서는 부끄러움과 죄스러움이다. 이 시집에서 '자연'은 내면을 비추는 '거울'로 등장하고 있는데, 시인이 느끼는 부끄러움과 죄스러움의 감각은 '자연-거울'에 자신의 삶을 비추고 투사하는 경험에서 비롯된다. 김광렬의 시에서 '자연'은 스스로 말하는 것이 아니라, 자신의 삶을 자연에 투사하는 시인의 적극적 의미부여에 '응답'하고 있다. 이처럼 '자연' 세계에 긍정적 의미를 부여할 때, 인간과 자연의 관계는 자연에 대한 또 하나의 '닦달'(하이데거), 그리고 감정이입에서 발생하는 자연의 인간화라는 경계에 놓이게 된다.

　김광렬의 시에서 '자연'은 무엇보다 교화의 주체로 등장한다. 「버짐나무를 바라보며」의 "늘 깨끗함을 지니고자 하는/흰 뼈 같은 맑은 정신"(「버짐나무를 바라보며」)이나, '무언의 가르침'을 가르치는 나뭇잎과 "너무나/많은 말들을 주절"(「가르침」)거리는 화자의 선명한 대비는 자연을 대하는 시인의 태도를 단적으로 보여준다. 그의 시에서 자연은 언제나 무욕과 순정의 세계에 대한 표상이다. 시인의 그 자연 세계에 자신의 비루한 일상을 투사함으로써 성찰의 계기로 삼고 있으며, 나아가 자연의 질서에서 '무욕'과 '느림', '생명'이라는 적극적 의미를 발견한다. 그렇다면 시인이 자연에 투사하는 삶이란 구체적으로 무엇인가? 그것은 지금-이곳의 일상이 강제하는 '먼 욕심'(「종소리」), "많은 어린 생명을 짓밟아 버렸다"(「어떤 생애」)는 뉘우침, "밟아서는 안 되는 것을/밟고 말았다"(「벼랑 끝에 서서」)는 죄책감, "내 나뭇잎에는/슬픈 기록이 없다"(「슬픈 기록」)는 부끄러움 등이다.

삶에 대한 회한과 성찰의 태도는 종종 "나는/쓸모없는 가죽자루입니다"(「슬픈 노래」)와 같은 자괴감으로 흐르는데, 그것은 "나를 나태하게 하는 저 따뜻함/나를 위태롭게 하는 저 나른함"(「겨울에」)에서 확인되듯이, 일상의 나태함과 나른함이 '맑은 정신'을 혼탁하게 만든다는 인식과 맞닿아 있다. 그래서 시인은 자연이 자신의 나태한 일상에 자극을 제공하기를 희망한다. 가령 「상갈 팽나무에게」에서 시인은 '그대'로 상정된 자연에게 "당당히 서 있지 않게 해다오", "고통으로 일그러진 모습으로 살게 해다오", "눈비에 떨게 해다오"처럼 자신에게 고통을 가져다 줄 것을 요청한다. 시인은 그 '고통'을 통해 비루함에 물들어 있는 자신의 일상을 버리고 "버짐나무처럼/허물을 벗"(「버짐나무를 바라보며」)고자 한다.

김광렬의 시는 '자연'을 성찰의 대상이자 삶을 비춰주는 '거울'로 간주함으로써 화자를 윤리적 주체로 탄생한다. 그것은 자연을 통한 성찰 이전에 존재하는 것이 아니라, 그러한 과정을 통해서만 탄생한다는 점에서 재구성이라고 할 수 있다. 문명의 감각이 극점을 향해 치닫고 있는 지금, '자연'과 '생명'에 대한 물음은 소중한 시적 원천이다. 그러나 특유의 낙관주의로 인해, '자연'이 그 자체로 완전무결함의 상징으로 취급되어서는 안 된다. 자연은 하나의 거대한 생명이며, 그런 한에서 스스로를 조절하는 자기 정화의 역학을 지니고 있다. 이상적 자연이란 지금—이곳의 부조리한 삶과 위기에 대한 생명을 근본적으로 성찰할 수 있는 계기가 된다는 점에서는 소중하다.

그러나 자연에 대한 지나친 외경심은 자칫 윤리적 정당성을 획득하는 대가로 시적긴장을 상실할 위험에 노출되어 있다. 90년대의 생태주의적 상상력이 바로 그랬다. '대상화된 자연'은 자연을 개발과 착취의 대상으로 간주하는 근대적 개발논리만큼이나 폭력적이고 인간적이다. 그것이 자연에 대한 또 하나의 '닦달'(하이데거)임은 두말할 필요가 없다. 이런 점에서 「선흘리 후박나무」의 말없는 가르침은 한층 감동적이다. 여기에서 '선흘리 후박나무'에게서 '성찰'과 '반성' 대신 '생명'과 '생성'을 배운다. 나무는 화제에게 "상처입고도 쓰러지지 않는 법"이 있으며, '고름'이 '생명'을 키운다는 진실을 가르친다. 그러나 그 가르침은 일체의 언어적 층위를 초월한 채, 다만 "내 썩은 밑동에서 새순이 돋는다"처럼 비언어적 차원으로 드러날 뿐이다. 비언어적인 가르침, 여기에 시가 있고, '감전'이 있고, 감응이 있다.

김 광 렬 1954년 제주 신상 출생. 중앙대학교 문예창작과 졸업. 1988년《창작과비평》으로 등단. 시집으로 『가을의 詩』 『희미한 등불만 있으면 좋으리』 『풀잎들의 부리』 등이 있음.

고 봉 준 1970년 부산 출생. 2000년《서울신문》신춘문예로 등단. 현재 반년간《작가와 비평》편집동인, 민예총 웹진《컬처뉴스》편집위원, 연구 공간〈수유+너머〉연구원.

김신용

수의를 만들면서도 아내의 재봉틀은
토담 귀퉁이의 조그만 텃밭을 깁는다
죽은 사람이 입는 옷, 수의를 만들면서도
아내의 재봉틀은 푸성귀가 자라고
발갛게 익은 고추들이 널린 햇빛 넓은 마당을 깁는다
아내의 家內공장, 반 지하방의 방 한 칸
방 한가운데, 다른 家具들은 다 밀어내고
그 방의 주인처럼 앉아 있는 아내의 재봉틀,
양철 지붕 위를 뛰어다니는 맨발의 빗소리 같은 경쾌함으로
최소한의 생활을 자급자족할, 地上의 집 한 칸을 꿈꾸고 있다
지금, 토담 안의 마당에서는 하늘의 재봉틀인 구름이
비의 빛나는 바늘로 풀잎을 깁고 숲을 깁고, 그 속에 깃들어 사는 생명들을 깁고 있을 것이다

― 「아내의 재봉틀」 중에서

"그"의 시학
— 김신용 시집 『환상통』, 천년의시작

박수연

김신용의 시편들을 '도시빈민의 고통의 시'라고 읽는 것은 편리하기는 해도 그다지 옳은 독법이 아니다. 그런 규정에는 시 자체가 가지고 있는 내적 동력보다는 그 시가 탄생한 시 외부의 어떤 경력과 흔적들이 먼저 움직이기 때문이다. 그것은 시의 언어로써 드러나는 사후적 결과들을 사전적으로 배치하는 독법이다. 그의 삶의 이력의 험난함 때문에 그 사후적 결과들이 언어들 앞에 강렬하게 솟아오른다고 해도, 그러나 사후적인 것은 사후적으로만 작용해야 할 것이다. 김신용의 시는 오히려 그 의미의 사후성을 아랑곳하지 않고 씌어진다. 이 아랑곳하지 않는 창조의 순간은 창조행위의 결과물이 독자들에게 수용되는 순간과는 명백히 구별되는 것이다. 따라서, 후자가 전자를 규정할 수는 없다. 중요한 것은 시 내부의 언어들이 힘을 얻는 방식에 대해 살펴보는 것이다.

이런 접근은 김신용 시의 특이성에서 유래한다. 우선 그의 시의 밀도는 저간에 민중시라고 흔히 이해되어 온 시편들과는 다른 유형의 언어 감각을 보여준다. 아마도 많은 평자들에 의해 이미 지적되었을 이 사실을 다시 언급하는 이유는, 시집 『환상통』이 언어의 미적 배치에 있어서 의미의 유형에 구애받지 않는 태도를 보여주고 있기 때문이다. 민중적 삶의 힘겨움을 이야기하는 시들은 개인적 삶의 정서적 공간 사이사이에 삽입되어 있다. 어쩌면 그 반대일 수도 있는데, 어쨌든 그 둘은 서로 섞여 있다. 아니, 섞여 있다기보다는 서로 몸을 기대며 있다고 해야 할 것이다. 그것들은 주제적 차원에서 구분되지만 언어적 차원에서 구분되지 않기 때문이다. 이를테면, "사는 일이, 저렇게 새가 앉았다 떠난 자리라면 얼마나 가벼울까?"(「환상통」)라고, 부재에 시달리는 삶의 분별지들이 한 순간 경계를 무너뜨리는 황홀을 노래하는 시가 있고, "그 모멸의 별자국도, 새들의 눈에 그려진 숲 속의 푸른 길처럼 보이는"(「시멘트 침대」) 노숙자의 삶을 묘사하는 시도 있다. 두 편의 시가 갖는 언어적 편차는 그리 크지 않다. 시집 전체에 걸쳐 집중되는 주제를 삶의 비애라고 정리할 수 있는데, 이 비애가 한편에서는 시적 주체 내부로 향하고 다른 한편에서 외부로 향한다고 해도 그것들에 상응하는 언어의 무게는 서로 긴밀해지는 관계를 구성한다. 그러니까, 언어들은 안으로 닫히는 듯 외부로 열리고 외부로 열리는 듯 안으로 닫히는 것이다. 아마 안에서 열리고 외부에서 닫힌다고 해도 될 것이다. 언어의 차원에서는 이것이 김신용의 시 전체를 단단한 구조물로 만드는 요인이다. 이것을 시적인 성공이라고 말하는 것은 아주 오래된 전통이다.

이렇게 본다면, 김신용의 시에는 안과 밖이 서로 당겨주는 힘이 작용하면서 만들어내는 어떤 결절점이 있다는 의미가 된다. 이 결절점이 시를 읽을 때 급박한 호흡의 행로를 순간순간 붙잡아주는 역할을 하는데, 이것은 결점이라기보다는 오래 삭혀온 대상들을 오롯이 붙잡고 부감하는 장점이다. 이것이 대상들을 절대적 객관으로 몰아내지도 않고 깊이모를 주관으로 빠뜨리지도 않도록 하는 요인이다. 시의 언어적 긴장과 밀도란 정확히 이런 상태를 뜻할 것이다. 이 긴장은 특히 이번 시집 『환상통』에서 두드러진다. 『몽유 속을 걷다』(실천문학사, 1998)까지만 해도 삶의 비애가 언어적 밀도 이전에 도드라져서 그 밀도를 적지 않게 잠식해 버렸었다. 그것이 극복되고 있는 것이다.

이에 대해서는 미적 자의식이 특이하게 드러나는 시들의 예를 들

수 있다. 시인에게 미적 자의식은 언어 사용의 예에서 드러날 수밖에 없다. 그것이 의도적인 표현인지 아니면 예상치 않았던 결과인지에 대해서는 어느 쪽으로도 장담할 수가 없다. 그러나 언어는, 다분히 무의식적인 용법까지 포괄하면서 그 자의식을 고스란히 표상한다. "그"라는 관형사가 그렇다. 이 단어는 '이'와 '저'의 중간을 가리킨다. 그러니까, '이것-내부'와 '저것-외부'의 양극 한가운데에 아슬아슬한 긴장을 유지하는 심리가 여기에는 있다. 「그 두발」 「그 불빛」 「그 꽃에 물은 누가 주나?」 「그 우물을 기억함」은 제목에서 그 심리가 드러나는 경우이고, 이 시들 중에서 「그 꽃에 물은 누가 주나?」와 같은 작품은 그런 언어 용법이 전면화되는 작품이다. 1연만 해도 "그 꽃" "그 얼음" "그 무엇" "그 객지" "그 꽃"이 총 일곱 개의 시행에서 나열된다. 시 전체적으로는 39행 중 20번 반복되는 그 용법은 최종적으로 어떤 기시감을 대상들에 부여하면서 독자들의 삶 안쪽에 시의 내용을 깊이 끌어다 놓는다. 그 내용이 무엇인가를 말할 필요는 없을 것이다. 김신용의 시는 우선 언어 형식으로써 독자들을 사로잡는다.

그와 유사한 영역의 삶을 시에 드러내는 시인과 함께 얘기하는 일이 필요할 것이다. 적지 않게 현학적인 최종천과 다분히 매끈하면서 직정적인 언어들의 이면우와 비교해본다면 김신용의 시는 그들의 한가운데에 있다. 그렇지만, 이것은 그의 시가 어떤 절충의 결과물이라는 사실을 뜻하지 않는다. 오히려 그 반대다. 그의 시는 양 극의 힘을 제 가운데로 끌어모으면서 홀로 타오르는 중이다.

김 신 용 1945년 부산 출생. 1988년 《현대시사상》으로 등단. 시집으로 『개 같은 날들의 기록』 『몽유 속을 걷다』 『환상통』 등이 있음.

박 수 연 1998년 《서울신문》 신춘문예로 등단. 저서로 『문학들』 등이 있음.

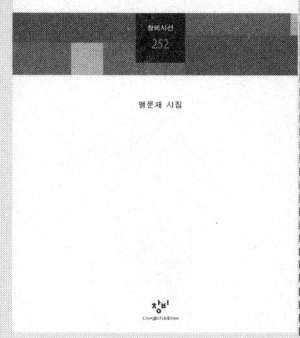

나는 전태일처럼 배수진을 치지 못해
약한 바람에도 복날의 개처럼 끌려다녔고
허수아비처럼 굽신거릴 수밖에 없었다
그동안 배수진을 쳤다고
얼굴 인상을 문신처럼 지어보기도 했지만
모기장에 들어온 모기 한 마리 잡는 것에 불과했다

외길에 배수진을 쳤을 때
싸움에서 이기고 지는 문제는 사라진다
새들의 날개가 날아가는 순간을 위해 목숨을 걸듯
나를 위한 싸움만 놓여 있는 것이다

─「배수진을 친 집」 중에서

삶이 가벼울 수 없는 까닭
— 맹문재 시집 『책이 무거운 이유』, 창비

이성우

자신의 존재를 드러내려는 시는 넘쳐나지만 타인의 존재를 배려하는 시를 만나기란 여간 어려운 일이 아니다. 맹문재의 시가 돋보이는 이유가 여기 있다. 그의 시는 현란한 말솜씨로 독자들을 끌어들였다가 무책임하게 내팽개치는 대신 단정한 말매무새로 독자의 마음을 곧은 방향으로 이끌어 간다. 이를테면 나는 그의 시집을 곁에 두고 혼란스러웠던 지난 가을을 헤쳐 나왔고 딱딱하고 각진 얼음을 잔뜩 삼킨 듯한 이번 겨울을 버텨 내고 있다. 이때 독자인 나에게 그의 시집은 믿음직한 나침반이자 따스한 난로 같은 것이리라. 이런 사정이 어찌 나에게만 국한된 일이겠는가.

1996년에 나온 첫 시집 『먼 길을 움직인다』와 2002년의 『물고기에게 배우다』에 이어 세 번째가 되는 이번 시집을 특징짓는 키워드를 꼽아 보자. 지난 시집들에 연결되는 이자, 노동과 함께 이번 시집에서 두드러진 사십대, 가장, 가장자리, 배수진 등의 시어를 거론할 수 있겠다.

이번 시집에 수록된 57편의 작품 가운데 무려 10편의 작품에서 거론될 만큼 '이자'에 대한 시인의 적의는 뿌리 깊은 것이다. 현대 경제학에서 이자는 자본 용역에 대한 정당한 보수를 가리키는 개념이 되었지만, 고대와 중세에는 동서양을 막론하고 이자 이론의 핵심이 이자의 도덕적인 정당화에 있었다. 그만큼 이자는 비윤리적인 것으로 간주되었기 때문이다. 기업가의 생산 활동을 위한 자금의 차입이라는 긍정의 측면에도 불구하고, 이자는 그 윤리성의 측면에서 아직까지 미해결의 과제로 남아 있는 셈이다. 이번 시집에서 돌출하고 있는, "적이 없는 시대에 연체에 물린 적을 만든다"(「이자가 적을 만든다」)는 시인의 문제 제기는 이렇듯 깊은 연원을 지닌다. 또한 이 같은 인식 태도는, "주눅 든 마음을 일으켜 세우려고 『전태일 평전을』 읽"(「도둑고양이」)을 만큼 '노동'과 밀접하게 관련 맺어 온 시인의 정체성을 고려할 때 온전하게 이해될 수 있다. 그러니까 "시장의 품이 어머니의 품과 다르게 안길 수 없다"(「품」)는 심정적 차원의 진술로부터, 이자는 마치 감기 바이러스처럼 이 세상에 만연하고 있다(「이자의 감기에 걸린 어린이날」)는 냉철한 발언에 이르기까지, 이번 시집에서 이자 문제에 대한 다양한 인식이 거듭 나타나는 것도 어찌 보면 자연스런 일이다.

또한 이번 시집에서 새로 눈에 띄는 "막차"라는 시어는 '사십대'를 맞은 '가장'으로서 시적 자아가 맞닥뜨린 위기의식을 고스란히 드러낸다. 예를 들어 "가장자리에서 술을 마시며 막차를 걱정하고"(「가장자리에서」) 실제로 "막차로 귀가한 날도 많았다"(「신발」)고 시적 자아는 말한다. 요컨대 시적 자아는 막차 시간이 될 때까지 바깥일에 성실한 사람이지만, 동시에 막차를 타고서라도 반드시 집에 들어가야 한다는 원칙을 지키려는 성실한 가장의 모습을 보여 주려 한다. 때로 그 모습은, "나는 눈을 감고 한참을 서 있다가/신발을 벗었다/양말도 벗었다/그리고 고양이처럼 손발을 오므렸다//나는 온몸으로 길을 녹이며 오르기 시작했다"(「귀가」)에서처럼 매우 안쓰러운 것이기도 하다. 그럼에도 한 집안의 '가장'에게 허락된 것이 '가장자리'에 불과하다는 사실 역시 엄연한 현실이다. 시적 자아는 자신이 처한 실존의 조건을 상징하는 '가장자리'를 벗어나거나, 아니면 '가장자리'를 꿋꿋이 고집하면서도 자신의 삶을 건강한 노동으로 채우려 한다. 하지만 그 노력은 번번이 그의 자존심에 상처를 입히고 끝날 뿐이다.

시인이 마지막으로 생각하는 것은 '배수진'이다. 그는 이렇게 말한다: "나는 전태일처럼 배수진을 치지 못해/약한 바람에도 복날의 개처럼 끌려다녔고/허수아비처럼 굽실거릴 수밖에 없었다"(「배수진을 친 집」). 시인의 이 같은 반성은 '배수진을 쳐야 길이 생긴다'(「배수진과 원탁」)는 절박한 선언을 이끌어 낸다. 이 선언은, 고속열차에서 술과 안주를 즐기다가 철로에서 일하고 있는 인부들을 발견하고는 "나는 안주를 뱉었다"(「안주를 뱉다」)고 말하는 대목처럼 독자에게는 다소 과격하고 무거운 결론일지도 모르겠다. 하지만 삶을 결코 가볍게 대할 수 없었던 시인의 지난날의 경험(단적으로, 「겨울 저녁을 닮은 단추」에 나오는 "그 겨울 저녁, 나는 사막 같은 지하 작업실에서 담배를 피우며 나를 태우고 있었다"는 구절을 찬찬히 읽어 보자)으로부터 시인은 자신의 일상은 물론 자신이 읽는 책이나 자신이 쓰는 책 역시 가벼워서는 안 된다는 생각을 지니게 된 것으로 보인다. 또한 책이 무겁다는 사실을 뼈저리게 인식하고 있기에, 그의 생각과 언어 역시 앞으로도 마냥 가벼울 수는 없을 것 같다. 시인의 개성이란, 꾸며서 나타나는 것이 아니라 이처럼 축적되어 이루어지는 것이리라.

맹 문 재 1963년 충북 단양 출생. 1991년 《문학정신》으로 등단. 시집으로 『먼 길을 움직인다』 『물고기에게 배우다』 『책이 무거운 이유』 등이 있음.

이 성 우 1966년 충북 충주 출생. 고려대 국문학과 및 동 대학원 박사과정 졸업. 2000년 《세계일보》 신춘문예에 문학평론으로 당선. 논문으로 『서정주 시의 영원성과 현실성 연구』, 『디지털 기술과 한국 현대시』 등이 있음. 현재 고려대 강사.

나는 눈을 뜬다.

생각 속에서 어떤 손이
불쑥 나타나
이유 없이
오래도록
내 얼굴을 만진다.

나는 자꾸 사실 바깥으로
벗어나고 있다.

—「벽」 중에서

사실의 바깥, 검은 물
― 신해욱 시집 『간결한 배치』, 민음사

김춘식

  시집 『간결한 배치』(민음사, 2005)는 어떤 의미나 확고한 주제를 지향하기보다는 의미가 상실되고 불안과 허무가 특정한 정서로 변화되는 순간들을 주로 포착한 시집이다. 시인은 이 시집에서 불안의 원인이나 부조리하게 스쳐 지나가는 시간들 혹은 순간의 의미를 굳이 캐묻지 않고 그러한 정서들이 자신의 몸을 조금씩 야금야금 갉아먹도록 내버려 둔다. 그런 부조리에 자신의 몸과 마음이 익숙해지도록 그냥 버려둔 상태, 그런 상태에서 포착된 언어와 이미지는 현실적인 상황이나 객관적 사물의 이미지를 거의 대부분 지워 버린 상태에서 심리적으로 반응된 정서만을 기술하는 방식에 의해서 생산된 것이다. 이 점에서 신해욱 시인의 작품은 외부의 이미지들이 철저하게 일그러지고 낯설게 되어 버린 상태에서 시인의 눈을 통과하고 마음을 관통한 뒤에 쏟아져 나온 것이라 할 수 있다.

  실제로 이런 부조리한 의식이나 정서는 외부 사물에 대한 실감이나 관념, 감각에 대한 극단적인 불신감에서 유래하는 것으로 외부의 자극보다는 내면의 심리가 주체의 행동, 언어, 심지어는 육체적인 감각을 일으키는 주요인이다. 결국, 신해욱 시인의 시는 대상과 자아의 실질적인 소통이 차단되거나 극도로 변형된 상태에서 쏟아져 나온 언어의 특징을 보여준다. 대상이 명징하지 않은 점, 자아의 주체적 의식 등이 그다지 드러나지 않는다는 점에서, 『간결한 배치』는 주체와 대상의 긴장이 무너진 상태에서 이루어지는 다른 방식의 소통을 보여준다.

부조리가 주로 대상이 실종된 자리에서 관계의 일그러짐을, 의미의 실종을 드러낸다는 점에서 신해욱 시인의 시적 자아는 사라져 버린 대상과 의미 대신에 부조리함을 숙명처럼 받아들이는 몸과 심리를 보여준다. 즉, 그녀의 시에서 언어란 의미나 육체적 감각이 아니라 정서와 심리적 감각의 표현물이 된다. 불안이나 낯설음에 의해서 외부의 대상은 스스로의 관념과 의미를 지우고 주체의 유동하는 심리에 올라타 새로운 언어와 의미의 맥락을 구성한다. 부조리한 의식에 의해 촉발된 불안은 이 점에서 견고한 의미의 틀을 느슨하게 만든 뒤 그 느슨함과 나른한 의미의 '권태' 혹은 '느림'을 감각으로 재생산하는 속성을 지니고 있다고 할 수 있다.

권태로움으로 가득 찬 불안과 무기력이란 이 점에서 탈일상의 감각이고 복잡한 현실적 관계의 의미망이 지워지고 소거된 상태에서 도출되는 심리상태이다. 그것은 생산적인 모든 '일'로부터 멀리 떨어져 버린 듯한 '방기'의 상태이며, '욕망'이 소진되어 현실로부터 절연된 '신비주의'나 '존재의 고독'이라는 섬에 갇혀 외부 사물과의 소통을 회의하는 '퇴행'의 미학에 속한다.

신해욱의 『간결한 배치』는 나른한 퇴행과 소진에 의해 사물의 관계 혹은 배치가 지워지는 과정을 그대로 보여준다. 이 시집의 '간결함'은 결국 많은 것이 지워진 위에 흐릿하게 드러난 인상과 같은 것의 '간결함'이다. 그것은 농도가 흐려진 감각 혹은 감정으로서 '분위기'와 '정서'만이 유령처럼 떠도는 '정처 없는 간결함'이다.

그런 것들은 "어느 날 갑자기"(「한 사람」) 화자를 엄습해 오고, 그 후엔 모든 것이 "금이" 가거나 "그 때부터 절반만" 자신으로 살아가게 만든다. 갑작스럽게 무언가가 엄습해 온다는 점에서 그것은 '질병'과 같은 것이다. 부조리가 바이러스처럼 한 존재의 몸속으로 유입해 들어옴으로써 생기는 가장 큰 변화는 자기 정체성의 '분열 혹은 증발'이라고 할 수 있다. 견고한 주체의 신화는 부조리의 자각과 함께 흔적도 없이 사라지고 만다. 더구나 그 자각이 마치 "모르는 사이" "무언가에/이마를 부딪"치거나 갑자기 "눈을 떴기 때문"으로 느껴질 만큼 느닷없고 원인이 없다는 점에서 '숙명적인 한계', '존재론적인 비의'에 시적 자아를 경도시킨다. 그런 체험은 '데자뷰'나 '현기증'으로 상징되는 혼종된 정서체험을 신비적인 것으로 느끼게 하는 원인으로서 상당히 복합적인 감각을 산출한다.

'여기이면서 이곳이 아닌' 다른 곳을 암시하는 증거로서 감지된 '현기증'은 그 자체로 '신비주의적인 미학의 상징'이다. "나는 자꾸 사실 바깥으로/벗어나고 있다"(「벽」)는 발언처럼 시인이 그리는 세계는 '암실'처럼 무정형의 것이 어떤 현상 혹은 형체로 인화되는 공간이다. "일상적으로 내게는/검은 물이 존재"하듯이 내게서 흘러나간 검은 물은 "얼마쯤 휘발"한 뒤, "희끗희끗한 얼굴"을 만든다. 결국, 세계의 의미나 상像은 내게서 흘러나간 검은 물이 인화된 이미지에 불과한 것일 수도 있는 것이다. 그러니, 이런 의미의 불확정성에 대한 인식이야 말로 얼마나 부조리한 것인가. 이 시인의 허무는 실제로 자신의 몸에 품고 있는 의미 생산의 주체인 '검은 물'에 대한 의심 혹은 회의로부터 비롯된 것으로 보인다.

신해욱 1998년 《세계일보》로 등단. 시집으로 『간결한 배치』가 있음.

김춘식 1992년 《세계일보》 신춘문예로 등단. 저서로 『불온한 정신』 『미적 근대성과 동인지 문단』 『한국문학의 전통과 반전통』 『근대성과 민족문학의 경계』 등이 있음.

    땅에 아예 뿌리를 박고 서 있는 미루나무는 단단합니다
    뿌리가 없는 나는 몸을 미루나무에 기대고
    뿌리가 없어 위험하고 비틀거리는 길을 열고 있습니다 엉겅퀴로 가서
    엉겅퀴로 서 있다가 흔들리다가
    기어야 길이 열리는 메꽃 곁에 누워 기지 않고 메꽃에서 깨꽃으로 가는
    나비가 되어 허덕허덕 허공을 덮칩니다
    허공에는 가로수는 없지만 길은 많습니다 그 길 하나를
    혼자 따라가다 나는 새의 그림자에 밀려 산등성이에 가서 떨어집니다
    산등성이 한쪽에 평지가 다 된 봉분까지 찾아온 망초 곁에 퍼질러 앉아
    여기까지 온 길을 망초에게 묻습니다

    ―「둑과 나」 중에서

물물과 '나'의 수평적인 연관 구조
— 오규원 시집 『새와 나무와 새똥 그리고 돌멩이』, 문학과지성사

문혜원

시집에 실려 있는 시의 제목은 모두 '강과 둑', '그림자와 길', '유리창과 빗방울'처럼, '물物과 물物'의 형식으로 이루어져 있다. '두두頭頭'와 '물물物物'에 대한 생각이 각각의 물과 물의 관계 맺음에 대한 생각으로 연결된다고 할까. 좀 더 정확하게는 각각의 물들이 맺고 있는 '상호 수평적 연관관계의 구조'를 드러낸다고 해야 옳을 것이다. 그의 시에서 물물들은 자리를 바꾸고, 서로를 채우고, 하나로 섞인다. 예를 들어 「나무와 돌」에서 겨울이 되어 없어진 것들, 텅 빈 것들의 자리는 다른 물물이 채운다. 잎을 벗은 나무에는 대신 곤줄박이가 매달려 있고, 곤줄박이가 떠나면 이번에는 뜰이 돌 하나를 굴려 풍경의 중심을 잡는다. 그 위를 비추는 햇볕 역시 이 안정된 구조의 일부분이다.

　서로를 채우는 것들은 형태와 부피가 있는 것들뿐만이 아니다. 허공이나 침묵, 구멍 역시 마찬가지다. 허공은 스스로를 비우고 모든 것을 받아들여 그것들이 된다. 나무가 있으면 나무가 되고, 그 나무에 새가 앉으면 새가 되고, 새가 날아가면 새의 속도가 되고, 새가 지붕에 앉으면 곧 지붕이 된다.(「허공과 구멍」) 침묵 역시 "잎에 닿으면 잎이 되고/가지에 닿으면 가지가 된다"(「하늘과 침묵」) 비어있는 도화지처럼, 색깔을 칠하면 칠한 그 색깔로 물이 드는 것이다. 그의

시에서 물물은 서로 섞이어 들어가 하나가 된다. 새가 있고, 나무가 있고, 새똥과 돌멩이가 각각 전체 풍경의 일부로 존재하는 것이 아니라, 자리를 바꾸며 서로에게 섞여 들어가 하나가 되어 존재하는 것이다. 허공은 이 모든 물물들이 몸을 섞게 하는 텅 비어 있는 공간인 셈이다. 허공이나 침묵에는 깊이가 있고, 그 깊이를 열고 들어가면 그 안에 공간이 있고 길이 있다("투명한 햇살 창창 떨어지는 봄날/새 한 마리 햇살에 질리며 붉나무에 앉아 있더니/허공을 힘차게 열고 들어가/뚫고 들어가/그곳에서/파랗게 하늘이 되었습니다/오늘 생긴/하늘의 또 다른 두께가 되었습니다."—「하늘과 두께」).

　대부분의 비어 있음이 '空'이나 '虛'임에 비해, 오규원의 '비어있음'은 '사물이 그대로 있음 혹은 존재함'의 의미이다. 비어 있는 상태이면서 실제로는 사물들끼리 밀접하게 그 공간을 채우고 있는 것이다. '허공' 또한 실제로 눈에 보이는 지상과 하늘 사이의 비어 있는 공간이다. 즉 관념이 아니라 실재요, 철저히 물질적인 차원에 바탕하고 있는 것이라는 것이다. 그의 시는 실재하는 물물에서 출발해서 그것들이 이루고 있는 구조를 탐색하는 데까지 나아가지만, 실재계를 넘어선 '공'이나 '허'의 세계로 비약하지는 않는다. 오히려 그의 시는 실재하는 물물을 어느만큼 드러내는가에 관심이 있다.

　물물의 상호 연관 관계를 알고 있는 '나' 혹은 시인은 '사이'에 있다. 반쯤 빠진 못과 빠질 못 사이, 벌겋게 녹슨 자리와 녹슬 자리 사이(「양철 지붕과 봄비」), 혹은 '한 나무에서 다른 나무로 가는 길과 한 나무에서 문이 닫혀 있는 집으로 가는 길과 닫혀 있는 집에서 다시 나무로 돌아오는 길과 그 길에서 새가 떠난 새집으로 가는 길'(「골목과 아이」)에 있는 것이다. 이때 '나' 혹은 시인은 물물의 '사이'를 알아보는 관찰자이다. 그의 눈에는 실제로는 보이지 않는, 있는 것과 있을 것 '사이'가 보이는 것이다.

그러나 인간인 '나'는 어디까지나 물물과 수평의 위치에 있다. 흐름과 멈춤, 밖으로 향함과 안으로 들어옴 사이에 정지해 있던 '나'(「강과 나」, 멈춰서 물물을 바라보는 '나'의 모습은 「호수와 나무」, 「하늘과 침묵」, 「강과 사내」 등의 시에서도 나타나 있다.)는 이윽고 몸을 움직여 물물 속에 섞인다. 「둑과 나」에서 '나'는 미루나무에 기대고, 엉겅퀴가 되었다가, 나비가 되어 허공을 날다가, 봉분 곁의 망초 옆에 내려앉는다. 그것은 '나'의 실제 산책길일 수도 있고, '나'의 시선이 움직여간 공간들의 나열일 수도 있다. 중요한 것은, 여기서 '나'가 물물 속으로 섞여 들어간다는 점이다. 시인은 우선 '길'에 자신을 밀어 넣는다. 바닥을 지탱하고 있기는 '나'나 길이나 마찬가지다. 그러나 길은 바닥에 달라붙어 있고, '나'는 바닥에서 몸을 세워 걸어간다. '나'의 시선은 들찔레와 메꽃과 엉겅퀴와 미루나무를 보고, 미루나무와 엉겅퀴와 메꽃을 거쳐 날아오르는 나비 속으로 옮겨 들어간다. 그리하여 공중으로 올라갔다가 '새의 그림자에 밀려 산등성이에 가서 떨어진다'.

이때 '나'는 대상을 관찰하는 것이 아니라, 대상 안으로 들어가 대상의 시선을 획득한다. 그것은 허공이 나무가 되고 새가 되는 방향과는 반대 방향으로 이루어진다. 허공이 자신 안에 들어오는 것들로 자신을 채우는 데 비해, '나'는 '나'를 물물 속으로 밀어 넣음으로써 물물과 섞이는 것이다. 그런 면에서 인간인 '나'의 행위는 보다 적극적이고 인위적인 것이 된다. 오규원은 이처럼 물물의 안으로 들어가 물물의 하나로 존재하고자 한다. 물물 속에 들어가 빼곡한 물물들의 구조를 드러내 보이는 것, 그것이 오규원의 시인 것이다. 그것은 마치

'나'가 들어가 노는 풍경화(「그림과 나 2」)와도 같다.

오 규 원 1941년 경남 밀양 출생. 1965년 《현대문학》으로 등단. 시집으로 『분명한 사건』 『순례』 『가끔은 주목받는 생이고 싶다』 『사랑의 감옥』 『토마토는 붉다 아니 달콤하다』 등이 있음. 현대문학상, 연암문학상, 이산문학상 등 수상.

문 혜 원 1965년 제주 출생. 서울대 국문과·대학원 졸업. 1989년 《문학사상》 신인상으로 등단. 저서로 『한국 현대시와 모더니즘』 『한국 현대시와 전통』과 평론집 『흔들리는 말, 떠오르는 몸』 『돌멩이와 장미, 그 사이에서 피어나는 말들』 『우리 시의 넓이와 깊이』 『문학의 영감이 흐르는 여울』 등이 있음. 현재 아주대 교수.

봄은 꿈속으로 옮겨진다
사라진 모든 계절 머릿속에 피어나
길게 누운 몸뚱이를 타고 꾸역꾸역 터질 듯이 밀려와
태양이 떠오르면 부서진 잔해처럼 꽃잎은 어디론가 흩어져 가고
나는 멸망을 기다린다
허락 받지 않은 복원을 내밀한 망명을 그린다
대기의 잔액을 빨아들이고 다가올 태양의 궤도조차 내게로 휜다
어느 위대한 見者가 그토록 바라던 단 한 줌 햇살이 되어간다
저만치 목련이 촛농처럼 녹아내린다
필 때부터 흐느끼고 있었다

―「사월의 광시狂詩」 중에서

천의무봉의 솔기를 한사코…
— 윤의섭 시집 『붉은 달은 미친 듯이 궤도를 돈다』, 문학과지성사

조강석

윤의섭이 시작 초기부터 일관되게 천착해온 주제는 삶과 죽음의 상호 귀속성이다. 그가 벌여놓은 사유의 장에서 삶은 죽음에, 죽음은 삶에 궁극적으로 귀속될 임의의 형식일 뿐이다. 때문에, 그의 시는 여러 구체적 물상들에 새겨진 삶과 죽음의 마금질이 모두 미봉적이며 임의적일 뿐임을 말하고 있다.

윤의섭의 세 번째 시집 『붉은 달은 미친 듯이 궤도를 돈다』 역시 예의 그 삶과 죽음의 상호 귀속이라는 주제를 다루고 있다. 윤의섭은 이 시집에서 삶과 죽음이라는 주제를, 분절을 원리로 삼는 형이상학적 사유와 인력과 유사를 근간으로 하는 아날로지적 비전에 동시적으로 노출시키며 포괄하고 있다. 사유는 분별하고 경계 짓는다. 반면, 이미지는 당기고 통합한다. 그는 이 두 힘을 동시에 부리고자 하는 '무모한' 수고를 애써 감당하고 있는데 실상, 독자들이 그가 원려遠慮하는 시간이라는 변수를 감안할 준비가 되어 있다면, 이 시집에서 상반된 방향의 두 힘이 협력하는 기현상을 기꺼이 수긍할 수 있을 것이다.

역설적이지만 삶과 죽음의 경계를 지우기 위해서 우선해야 할 일은 구체적 물상들 속에서 삶과 죽음의 형식들을 구하는 것이다. 이 시집의 곳곳에, 생동하는 온갖 물상들과 소진하는 생이 동시적으로 제시되어 있는 것은 전혀 우연한 것이 아니다. 시 「기억의 그물 밖」

을 보자. 잠자리, 소나무, 꽃잎, 바람, 강물 등과 생을 마감하는 노인의 모습이 나란히 놓여 있다. "고생대부터 바위에 박혀 있다 되살아난 듯한 잠자리 떼"가 날아들고 섬돌 위로 바람이 성한 곳, "이제 막 깨어난 강물이 몸을 뒤"트는 이곳 부용대 인근에서 "모든 게 계획된 일인 듯" "한 노인이 죽어 산 너머로 실려" 간다. 한 강물이 막 깨어나는 곳에서 한 노인이 '계획처럼' 소진한다. 삶과 죽음, 생동과 소진이 계획처럼 한 자리에 놓여 있다.

온갖 물상들로부터 삶과 죽음의 형식들을 추상하는 것은 전적으로 사유의 일이되, 이 형식들의 이면에 오래 마름된 '계획'을 안치하는 것은 사태를 유사로 빚는 아날로지의 일이다. 때문에 물상들을 끌어오고 접붙이는 손길을 들여다보는 일, 천의무봉의 가봉된 자리를 애써 섬세히 들여다보는 일, 시인이 종사하는 바는 바로 그것이되, 천의무봉의 솔기를 들여다보는 이 노역은 단단한 물상들을 통해 다른 지평을 넘겨보는 비상한 눈이 없고서는 어림없는 일일 터이다; "확실한 건 이 세계가 보이지 않는 이면의 한쪽이라는 사실이다. (중략) 이면의 세계는 분명 이 세계와 닮았을 것이다. 그렇기 때문에 눈치 채기가 더 어렵다"(시집의 뒤표지 〈시인의 말〉 중에서)

난만한 요초들과 소진하는 생을 시집 곳곳에서 동시적으로 제시하고 있는 시인은 우선은 이질적인 것들이 잇대어진 자리를 발견하고 다음은 거기에 있는 솔기들을 발라 낸다; "내가 이 해안에 있는 건/파도에 잠을 깬 수억 모래알 중 어느 한 알갱이가/나를 기억해 냈기 때문이다"(「꿈속의 생시」), "오늘은 내 유전자를 지닌 햇살이 지상으로 온 날이다"(「사라지는 햇살처럼」), "한때 나비로 살았던 날이 있다"(「변신」).

모래알의 기억이 '나'를 깨우고 햇살이 '나'와 같은 형질의 유전자를 나누는가 하면 나비와 나는 환태換態한다. 주목할 것은 이 환태의 조건에 사유와 아날로지가 조업하는 원리가 포함되어 있다는 것이다. 윤의섭은 삶과 죽음의 상호귀속과 물상들의 환태가 '계획적'인 것이라고 말한다. 삶과 죽음, 그리고 물상들의 경계가 되는 것은 단위-시간이다. 그가 꾀하는 것은 혹은 그가 간파하는 것은 단위-세계의 이면에 안치된 "적멸"의 계획이다. 구체적 물상들의 근저에 안치된 적멸의 계획을 읽어내는 것, 그것이 시집『붉은 달은 미친 듯이 궤도를 돈다』에서 시인이 전력하는 일이다.

시인은 겹겹의 상호귀속과 환태를 단위-시간, 단위-세계 속에서 읽어낸다. 적멸, 즉, 가없이 평평한 시간의 계획을, 물상들이 겹겹이 모양을 뒤바꾸는 오래 진행된 사태를 시인은 주시하고 있다. 때문에, "정작은 이 세상이 완구 공장에서 조립되다 만/손잡이며 안장이며 페달 같은 부품들의 환상통"(「세발자전거」)일지 모른다거나 "나는 멸망을 기다린다"(「사월의 광시狂詩」), "인간계의 기일이 떠오르지 않는다"(「신허神墟」)는 시인의 말을 굳이 현생의 부정으로 읽을 필요가 없다. 겹겹이 쌓인 세계들이 단단히 몸 내민 곳 역시 바로 여기이니까.

적멸의 계획 속에 있는 현생을, 천의무봉한 친연의 솔기를 굳이 드러내는 자의 시선이 코앞의 세계 하나씩을 새로 탄생시킨다. 즉 시, 궁극을 꿈꾸다.

윤의섭 1968년 경기도 시흥 출생. 아주대학교 국문과와 동대학원 졸업. 1994년《문학과사회》로 등단. 시집으로『말괄량이 삐삐의 죽음』『천국의 난민』『붉은 달은 미친 듯이 궤도를 돈다』가 있음. 현재 '21세기 전망' 동인.

조강석 2005년《동아일보》신춘문예로 등단. 현재 연세대 강사.

태양이 걸어가 지는 곳이 중심인가
메고 온 생은 무거워 몸을 접어 누이면
저만치 세상의 기울기도 한 뼘씩 낮아진다
길 위에선 누구도 중심을 보지 못한다
갈 곳 잃은 사람들의 발자국 흩날리고
바람은 맨발로 불어와 지문을 남길 뿐
시간이 정지된 마을은 어디에도 없었다
잎새들 추락하는 세상의 벼랑 끝을
우리가 발끝으로 걸어와 아득히 지고 있나니
차라리 그대가 지상의 중심이다
일몰도 철새들도 휘파람으로 데려와
낮아진 강의 수평을 채우고 또 비우는

—「중심의 시」 전문

차라리 그대가 지상의 중심이다
— 이달균 시집 『장롱의 말』, 고요아침

이 지 엽

이달균의 시조집 『장롱의 말』에는 시인이 추구하는 세 가지의 방향이 잘 나타나고 있다. 하나는 언더그라운드의 삶에 대한 애정이고, 다른 하나는 전통 계승에 대한 부단한 노력이며, 다른 하나는 시간과 세월에 대한 긍정이다.

  언더그라운드의 삶에 대한 애정은 「우리 기쁜 언더그라운드」 연작과 「뫼르소의 도시」 연작 등이 이에 해당된다. 「우리 기쁜 언더그라운드」에서는 '나쁜 영화'는 돈을 주고도 보는데 도대체 좋은 시집이 안 팔리는 이유가 뭐냐고 따져 묻는다. 그러면서 '올해의 좆같은 시집' 시선이나 기획해 볼까라고 비아냥거린다. 이 비아냥거림에는 자신에 대한 자괴와 조소가 실려 있다. 동시에 시대에 대한 비판의식도 공존하고 있다. 그렇지만 시인은 이러한 비관적 현실에 대해 즐거워한다. 즐거워서가 아니라 즐겁게 생각하려고 노력하는 것이다.

  「뫼르소의 도시」 연작은 그 시적 대상이 빈혈, 병동, 독신자 오피스텔, 공원이다. 도시 공간 속에 놓인 현대인들의 적막을 스크랩하여 보여주고 있는 것이다. "전기가 나가자 빌딩이 깨어났다/우루루 비상구로 몰려나온 사람들/서로의 안부를 물으며 비로소 이웃이 된다"에서 보듯 이 공간은 이 공간을 지배하는 질서가 깨졌을 때라야 소통의 통로가 만들어지는 곳이다. 그러기에 전기가 다시 들어오면 이들은 다시 기존의 질서 속으로 편입된다. "적막의 커튼을 치고 우린 다시 타인이" 될 수밖에 없는 것이다. 이 도시는 "뜨겁게 사랑할 검붉은 피들이 없"(「뫼르소의 도시·1」)으며, 살아있는 것보다는 "플라스틱 장미향을 사랑하는"(「뫼르소의 도시·2」) 공간이며, 이제는 야성이 더 이상 존재하지 않는 "퇴화하는 뇌를 가진 공원의 비둘기들"(「뫼르소의 도시·4」)의 공간이다. 시인의 시선은 냉정을 유지하고 있으면서도 언더그라운드 기층의 소외와 고독한 심리를 잘 묘파해내고 있다.

다른 하나인 전통 계승에 대한 부단한 노력은 이 시조집의 제5부와 6부의 작품들이 이에 해당되는데 「상여놀이」, 「양반타령」, 「나는 말뚝이로소이다」, 「비비타령」, 「큰어미 타령」 등 제목만 보아도 얼른 짐작이 된다. 고성 오광대를 이끌던 춤꾼 조금산의 거동을 노래하고 있는 「예인열전 1」과 '만신의 피' 허종복의 춤사위를 그려내고 있는 「예인열전 2」에서는 사설시조의 미학이 두드러지게 나타난다. 열거와 반복의 엮음 구조가 잘 살아나고 있다.

　　　떼로 몰려 떼돈 쓰고 나자빠지는 동래 권번券番이 거기라면
　　　오냐 놀아보자. 쓰자 하면 초서草書요, 치자 하면 매란국죽梅蘭菊竹,
　　　추어라 하면 나붓나붓 춤사위도 으뜸이니
　　　　　　　　　　　　　　　　　　　　—「예인열전 1」 부분

　　　비구니 속내 들추이는 승무도 펼쳤다가, 설핏 꿈결엔 듯 거류산 소롯길로
　　　가뭇없이 사라지면 저 짬치서 희뿌염 아침은 와, 한 농부 다랑논엔

피 반 나락 반인 게으름만 지천이라.

—「예인열전 2」 부분

에라이 온 만신의 피!
피나 뽑고 춤이나 추지

—「예인열전 2」 부분

　마지막 시간과 세월에 대한 긍정은 이 시집의 표제작과 밀접한 관련을 맺고 있다.「중심의 시」,「모래늪」,「채송화」,「자화상」,「안개사원」 등 많은 작품에서 잘 형상화되고 있다. 이 작품들은 대개 생에 대한 존재론적인 성찰로 이어지고 있는데 이는 시인의 삶과 무관하지 않아 보인다. 중년을 넘어서고 있는, 그래서 세상에 대한 불편한 시각보다는 그 흐름을 물러서서 바라보는 느긋함을 보여주고 있는 셈이다.「중심의 시」에서 일반의 통념을 뛰어넘는 생의 통찰이 자연스런 흐름을 통해 나타나고 있다. "길 위에선 누구도 중심을 보지 못한다"는 진술적 화두를 던진다. 시인은 그 이유를 "시간이 정지된 마을은 어디에도 없"기 때문이라는 것이다. 그러기에 다음으로 이어지는 "차라리 그대가 지상의 중심이다"라는 진술은 당당하면서도 설득력을 얻고 있다.
　우리는 지금까지 그의 시조집에 나타난 세 가지의 시적 지향점을 보았다. 이 셋은 그러나 한 몸의 사고를 가지고 있다. 언더그라운드에 대한 애정은 민초의 정신이고, 그것은 우리 것에 대한 무한한 사랑을 전제한 것이며, 동시에 당대를 살아가는 주변인도 중심에 설 수 있는 생의 에너지를 함유하고 있기 때문이다. 시인은 거의 전편의 시에서 이

정신의 기제를 긴장과 절제의 미학으로 담아내고 있다.

이 달 균 1957년 경남 함안 출생. 1995년 《시조시학》 신인상 당선. 시집으로 『南海行』, 5인 시집 『비 내리고 바람 불더니』, 6인 시조집 『갈잎 흔드는 여섯 악장 칸타타』, 현대 시조 100인선 『북행열차를 타고』 등이 있음.

이 지 엽 전남 해남 출생. 1982년 《한국문학》과 1984년 《경향신문》 신춘문예로 등단. 시집으로 『다섯 계단의 어둠』 『샤갈의 마을』과 시조집 『떠도는 삼각형』 『해남에서 온 편지』 등이 있음. 현재 경기대 교수.

봄날도 환한 봄날

이종문 시집

민음사

너울, 너울너울, 너울너울 너울대는
그녀를 보면 괜시리, 마음이 이상해져
만약 그렇게 해도 죄가 되지 않는다면
살며시 뒤로 다가가 눈을 가려 보고 싶어
아니야, 앞으로 다가가 머리를 묻고 싶어.
설령 그렇게 하면, 죄가 된다 할지라도
살며시 뒤로 다가가 누구게? 묻고 싶어
아니야, 앞으로 다가가 와알칵 안고 싶어

—「이런 봄날, 수양버들」 중에서

봄날에 발견하는 우주적 생의 형식
― 이종문 시집 『봄날도 환한 봄날』, 만인사

유성호

최근 우리 시단에서 창작되고 있는 현대시조의 양상은, 시조의 정형 양식으로서의 한계와 가능성을 두루 감안하면서 '절제'와 '균형'의 미학을 이루어가고 있다. 하지만 한 걸음 더 나아가 다양한 형식 미학적 변용을 이루면서 시조의 형식적 확장을 꾀하는 시편도 적잖이 창작되고 있다. 그동안 이종문 시인은 견고한 정형 양식의 안정적 성취와 해체적 시풍에 가까운 실험적 시도를 병행하면서, '시적 품위와 노래의 즐거움'(정재찬)을 동시에 보여주었다. 새로이 출간한 『봄날도 환한 봄날』은 그 가운데 실험적 열정을 많이 줄이면서 '균형'과 '정형'의 양식적 결속을 통한 '동일성'의 미학을 세련되게 보여주는 사례라 할 것이다. 특히 자연 서정에 가까운 세계를 통해 시인은 단시적 완결성을 꾀하려는 미학적 욕망을 드러내면서, 우주적 생의 형식이 가지는 아득한 너비를 형상화하고 있다. 가령 표제작을 처음과 맨 마지막에 배치함으로써 시인은 시집의 전언(傳言)을 상징적 축도(縮圖)로 보여주고 있다.

    봄날도 환한 봄날 자벌레 한 마리가 浩然亭 대청마루를 자질하며 건너간다

    우주의 넓이가 문득, 궁금했던 모양이다
                         ―「봄날도 환한 봄날」 전문

봄날도 환한 봄날 자벌레 한 마리가 浩然亭 대청마루를 자질하며 돌아온다

그런데, 왜 돌아오나

아마 다시 재나보다

― 「봄날도 환한 봄날」 전문

이 두 편의 형상과 논리 안에 이번 시집의 핵심이 들어 있다고 할 수 있다. 시인은 첫 작품에서 "봄날도 환한 봄날"에 우주의 넓이가 궁금해 정자 대청마루를 건너가는 자벌레 한 마리를 관찰하다가 마지막 작품에서는 그 건너간 길을 돌아오는 자벌레를 두고 "아마 다시 재나보다"라고 말함으로써 우주적 생의 형식을 측량하는 자신의 모습을 '자벌레'에 이입移入하고 있다. 미물의 움직임을 통해 자신의 생을 "봄날도 환한 봄날"에 발견하고 있는 시인은 이번 시집이 그러한 궁극적 관심에 바쳐지고 있음을 시사한다. 이는 "적을 관통하고 어디론가 사라졌다 이토록 환한 봄날 느닷없이 날아와서 내 심장 그 붉은 곳에 탁, 꽂히는 나의 화살!"(「화살」)처럼 '적'과 자신의 심장을 동시에 관통하는 순환적 생의 형식에 대한 탐색과 연관된 것이기도 하다.

이처럼 모든 생명들의 "저 거룩한 노동"(「침이 꼴깍, 넘어감」)을 통해 시인은 시집 가득히 "그것도 시퍼런 하늘, 피가, 뚝, 뚝, 뜯, 는 蠱惑"(「落花」)을 노래하고 있다. 그런가 하면 시인은 "작년에 태어난 아이 단 하나도 없"(「기차」)고 "단 한 처녀도 비명치지 않는"(「봄날」) 적막한 농촌 현실을 우울하게 증언하고 있기도 하며, 「이런 봄날, 수양버들」에서는 환한 봄날에 만개한 육체적 욕망을 스스럼없이 내비치면서 자연 사물에의 흔연한 탐닉을 보여주고 있다. 또 「눈」이

나 「풍경」 같은 작품은 이전의 시조집 『저녁밥 찾는 소리』의 「매화 꽃, 떨어져서」나 「오동꽃」 같은 반복과 점층 그리고 선연한 대칭적 이미지를 구사한 작품들로서 시적 연속성을 보여주고 있으며, "外敵의 칼날을 맞아 고름이 된 白血球처럼//뜨겁게 戰死할 날을 기다리는"(「성냥개비」) 사물을 통해 비유의 날카로움을 보여주기도 한다. 결국 이종문 시학의 무게중심은 자연 서정을 통한 우주적 상상력의 발견 그리고 생의 구체성 속에서 보이는 사람살이의 적막함과 외로움에 대한 증언으로 모아지고 있다. 『봄날도 환한 봄날』은 그 아름다운 화폭의 선명한 실례라 할 것이다.

  마지막으로 두 가지를 첨언하자. 하나는 시집 말미에 수록되어 있는 시인의 산문 「나무와 고기」. 각시붕어와 꽃나무 사이에 주고받은 생명의 순환성이 시인의 시관詩觀을 감동 깊게 보여준다. 또 하나는 「魚隱洞」에서 나타난 종장終章 율격의 문제. 시인은 작품의 종장에서 "노고지리 번지를 옮길 말미를 주는 거다."라고 노래함으로써, 시조 율격의 불문율을 해체하고 있다. 빠른 속도로 음독할 경우 작품을 읽는 데 들어가는 시간의 등장성等長性은 확보될 수 있겠지만, 시조의 정격正格 가운데 가장 최후의 보루라 할 수 있는 종장 첫 3음절의 파격破格은 단연 문제적이다. 만만찮은 쟁점이 잠복해 있는 문제이다.

이 종 문 1955년 경북 영천 출생. 1993년《경향신문》신춘문예로 등단. 시조집으로 『저녁밥 찾는 소리』『봄날도 환한 봄날』 등이 있음. 현재 계명대학교 한문교육과 교수.

유 성 호 연세대 국문과와 동대학원 졸업(문학박사). 저서로 『한국 현대시의 형상과 논리』『상징의 숲을 가로질러』『침묵의 파문』『한국 시의 과잉과 결핍』 등이 있음. 한국교원대 국어교육과 교수.

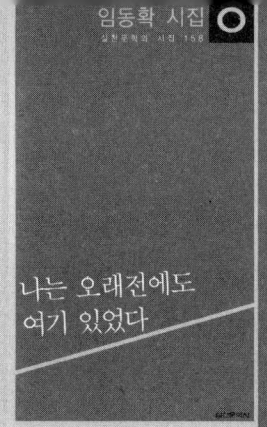

여름 들길에서 만난 짝짓기에 열중인 하루살이엔
곧잘 스스로를 옥죄이기 마련인 생존의 논리를
일시에 뛰어넘는 신선한 마력이 살아 있다——
오직 식탐과 배설로 얼룩진 한 생애를
몸 씻기는 저녁 바람 같은 향긋한 거룩함,
오직 살아남기 위해 사는 위태로운 안정을 뒤흔드는,
일생일대의 모험에 찬 돌발적인 구애와 비장한
결단이 퍼덕거리고——무엇보다 때로 맹목의 질주가
깨어날 줄 모르는 중독의 삶보다 먼저임을 보여준다

―「하루살이에 대한 명상」 중에서

저녁의 시간의식과 긍정의 언어
— 임동확 시집 『나는 오래전에도 여기 있었다』, 실천문학

홍용희

임동확의 시집 『나는 오래 전에도 여기 있었다』의 내면 풍경을 하루 일과의 시간의식에 비유하면, "저녁의 노래"(「저녁의 노래」)에 해당한다. "저녁이 깊어질수록 아주 단순해진 외로움"에 물들면서 깊은 성찰과 더불어 "용서받지 못할" 일들에도 관대함과 너그러움을 지니게 된다. 그것은 무엇보다 저녁은 하루의 일과가 마무리되면서 "미처 돌아오지 않은 자를 기억"(「흔들리지 않을 때까지 날갯짓을」)하는 분주한 시각이며 아울러 평화와 안식을 준비하는 시각이기 때문이다. 그래서 임동확의 시편들에는 깊은 애환과 곡절의 매듭이 도처에 스미어 옹이져 있지만 그럼에도 불구하고 대체로 관대한 포용과 감사의 정감으로 갈무리되는 양상을 보인다.

>   어느 눈 내리는 저녁 낯선 거리의 창가
>   더는 떠돌 수 없을 때까지 방황했던 네가 돌아섰지
>   마치 강물을 만난 밀물의 바닷물처럼 너는 네 슬픔으로 슬픔을 밀어내고자 했지
>   먼 여행에서 방금 아버지의 집에 도착한 탕아처럼 너는 네 알몸을 처음으로 뜨겁게 바라보았지
>
>   기억만으로 온몸이 달아오르는 느낌의 바다

어느새 제 마음 속에 이리저리 뻗어 있는
황금 광맥을 사랑하기 시작했지

—「너의 보배」부분

   시적 화자의 "방황"은 "저녁" 시각의 거리에서 "돌아"서고 있다. 그것은 "마냥 부인하고픈 낙숫물 같은 과거"의 시간들을 스스로 성찰하고 객관화하여 "네 슬픔으로 슬픔을 밀어내고자" 하는 자기 초극의 성향을 지닌다. 그리고 마침내는 슬픔의 "기억" 속에서 "황금 광맥"을 찾아내어 "사랑하기 시작"하는 모습을 보여준다. 슬픔과 한으로 얼룩진 지난 세월의 사금파리 속에서 삶의 의미와 가치를 걸러내고 이를 연민하고 따뜻하게 감싸는 자기 긍정과 화해의 세계를 보여주고 있는 것이다. 따라서 이러한 절대 긍정과 화해의 세계관에서는 "제법 아름다워졌을 법도 한 어제와/늘 용서 받기에 급급할 내일에도 난 그 누구든 미워할 수 없"으며, "또다시 막무가내 달려들어 시비 걸고 욕설 퍼붓는다고 해도,/슬퍼하거나 오래 아파할 이유도" 없다. "한 시절의 파도가 고요"해지는 시각이 오면 "거친 마음의 풍랑에 가려 미처 못 보았던 무인도며/끝내 제 것이 아니었기에 아주 멀리 떠나보낸 사랑의 기억들이 순식간에", "더는 나빠질 것 없는 세월 너머로 떠오"(「한 시절의 파도가 고요하매」)르기 때문이다.

   그렇다면, 그의 이러한 초탈에 가까운 자기 긍정과 화해의 세계를 가능하게 했던 배경은 어디에 있을까? 그것은 역설적으로 극심한 고통과 슬픔의 체험에서 비롯된다. 다시 말해, "더는 나빠질 것 없는 세월"을 통과하면서 얻게 된 삶의 평화이며 관조에 해당된다. 그래서 그의 시 세계에는 "연신 목숨처럼 이어져 흘러내린 슬픔들이/이제야 한껏 소리 내어 울어보기라도 하듯/그만 넋을 놓아버린 그 자리"(「구성폭포」)에 대한 흔적이 도처에 산재한다. 그러나 이번 시집에서는 이러한 극심한 슬픔의 기억이 구체적으로 실체화되지 않고 추상적인 이미지로 감각화되어 있는 양상을 띤다. "희망도 없이 치닫는 시절의 막다른 골목"(「불꽃에게 바치는 송가」)을 걸었던 시간들과 "칼끝처럼 날선 외로움과 갈증에 시달리던"(「소리에 대하여」)실존적인 역경들이 씨줄과 날줄로 서로 엉키어서 물상화되어 있는 것이다. 이것은 앞에서 지적한 바대로 그의 시 세계의 무게 중심이 구체적인 사건의 세목이 전면에 드러나는 한 낮의 시간의식이 아니라 성찰과 긍정, 관조와 초탈에 가까운 저녁의 시간의식에 근접해 있기 때문인 것으로 보인다.

한편, 그의 시 세계는 이와 같은 "폐허의 가로지르기"(「타클라마칸 사막을 건너며」)를 거치면서 스스로 "희망의 존재방식"을 터득하는 모습을 보여준다. 폐허를 가로지르고 나면, "폐허 이전 혹은 너머를" 가늠하고 꿈꾸는 것이 가능하기 때문이다.

> 존재하는 그 모든 것은 그렇게 살아있다, 어떻게든 오지 않는 시
> 간 속에 알을 슬며
> 죽음이라는 특별한 방해자만 만나지 않는다면
> 오직 제 의지로 형성하고 또 소멸하길 반복하는,
> 변덕스런 애인처럼 자꾸만 요구해도 귀찮지 않은 혼돈
> 희망은 그러나 절망의 눈 속에 깃든 정직한 모순
> 보이지 않으면서 보여주는 거울과도 같다
> ─「희망의 존재 방식」부분

"존재하는 모든 것은" "희망"을 내재하고 있다. 형성과 소멸의 혼돈

스런 과정 속에서 희망은 태어난다. 그래서 희망의 존재방식은 모든 삶의 존재 방식 속에 내면화되어 있다. 임동확의 시 세계가 빈번하게 잠언투로 삶의 이치와 근원에 대해 서술하는 양상을 드러내는 대목이 여기이다. 이를테면, 그는 "제 아무리 악착같더라도 우리들 사이엔/자신들도 모르게 깨알처럼 쏟아내는 것들/어쩔 수 없이 나눠 가져야 할 것들이 있다"고 전언하거나, "하루살이에 대한 명상"(「하루살이에 대한 명상」)을 직정적인 화법으로 드러내기도 하는 것이다.

이렇게 보면, 임동확의 시집, 『나는 오래 전에도 여기 있었다』는 중견으로 향하고 있는 오랜 시력과 연륜을 통해 겪은 사회적, 실존적 삶의 그늘과 함께 이를 관조하고 긍정하는 예지가 아로새겨져 있음을 알 수 있다. 또한 그는 이를 통해 "희망의 존재방식"을 삶의 일상적 혼돈 속에서 자연스럽게 읽어내고 해석하는 혜안을 보여주고 있음을 알 수 있다. 앞으로 그의 "저녁의 노래"에 해당하는 성찰적인 삶의 언어가 더욱 깊고 그윽한 견성의 시학을 일구어 나가길 기대해 본다.

임 동 확 1959년 광주 출생. 전남대 국문과와 서강대 대학원 국문과 박사과정 졸업. 시집으로 『매장시편』 『살아있는 날들의 비망록』 『운주사 가는 길』 『나는 오래전에도 여기 있었다』 등이 있음. 현재 한신대 문예창작과 겸임교수.

홍 용 희 1966년 경북 안동 출생. 1995년 《중앙일보》 신춘문예로 등단. 저서로 『꽃과 어둠의 산조』 『김지하 문학연구』 등이 있음. 현재 경희사이버대 교수.

오, 봄은 숫자 미상의 외로움을 겨냥해
탕, 탕, 탕
소총을 쏘며 온다
죽음 아닌 절정은 없다.
사랑이란 서로를 물어뜯으며 장전한 총알들을
남김없이 격발하는 것.

땅이 젖고 싹이 돋는 동안
우리가 사랑을 못할 까닭이 없다.
삽을 열고 달아오른 눈 먼 두 몸이
풀무질하는 동안
우주의 질량이 팽팽하게 부풀어 오른다.

―「사랑」 중에서

발명되는 풍경들
― 장석주 시집 『붉디 붉은 호랑이』, 애지

이 형 권

시집 『붉디 붉은 호랑이』에는 "호랑이"가 없다. 시집을 고샅고샅 살펴봐도 좀처럼 "호랑이"가 시의 중심 이미지로 등장하질 않는다. 단지 "들고양이는 붉디 붉은 호랑이 울음소리를/흉내 내며 운다"(「가협시편」)와 "멧돝과 노루, 늑대와 호랑이들"(「안성 살다」)에서 잠시 등장한다. "호랑이"는 다른 동물의 보조관념이나 다양한 생물종의 일부로서 두 차례 등장할 뿐이다. 그러면 왜, 시인은 시집의 표제에 "붉디 붉은 호랑이"를 올려놓았을까? 나는 그 이유를 이 시집에서 지향하는 탈속의 세계, 즉 자연의 발견과 사랑의 성찰이 가능한 세계를 암시하려는 시인의 의도로 이해하고 싶다. "호랑이"는 시집에만 없는 것이 아니라 실제의 현실에서도 찾아보기 어려운 희귀 동물에 속하는 것이기 때문에 더욱 그렇다.

이 시집에는 현대 사회가 강제하는 삭막하고 몰인정한 도시적 삶을 버리고 자연과 더불어 살아가면서 마음의 평화를 얻으려는 은자隱者가 산다. "세상이 나를 까맣게 잊어/마침내 고요의 달인으로 등극하고 싶"(「은자전 4」)은 은자가 지향하는 자연 세계는 물물物物들의 아우라가 생동하는 곳이다. 그 세계는 오래된 기억에서 견출하거나 작위적 상상으로 지어낸 복제성의 물상들이 아니라 체험적으로 발견한 원본성의 자연물들로 구성된다. 하늘에는 "청어 떼 잔구름"(「오동나무」)이나 "공중에 빗방울을 파종하는 구름"(「고양이」)이 떠 있고,

대지에는 "빈들을 맨발로 뛰어다니는/저 어린 빗방울의 웃음소리" (「38번국도」)가 울려 퍼지고, "새의 혀들 초록 잎잎"(「모란꽃과 수련」)이 돋아나서 "산수유마다 노란 열꽃"(「땅속에 누가 보일러를 돌리고 있다」)이 피기도 한다. 시인의 체험적 진실과 언어적 재능이 절묘하게 결합되어 창조된 생동하는 자연의 세계다.

또한 이 시집에서의 자연은 삶의 배경으로만 존재하는 것이 아니라 주체의 내면세계와 부단히 삼투한다. 자연은 객관적 대상으로 모방되는 데 그치지 않고 주체의 의식에 의해 새로운 의미를 부여받으면서 일련의 풍경으로 거듭 태어난다. 주체의 시선이 안으로 향할 때는 "붉은 석류 속 같은 저 생의 내부"(「설운 사랑」)나 "연하계곡에 와서 계곡 바람소리를 듣는/내 귀도 푸른 멍이 든다"(「연하계곡」)와 같은 내면의 풍경이 구축되고, 밖으로 향할 때는 "이 봄비 그치면 저 힘찬 풀들/초록지붕을 이루고/솟는 힘으로/마을을 불끈 들어 올리겠다"(「봄비야 봄비야」)에서처럼 외부의 풍경이 만들어진다. 이것은 자연물들을 매개로 하여 새로운 풍경이 창조되는 두 방식인데, 이런 방식을 통해 다양한 풍경의 파노라마를 보여주는 것이 이 시집의 가장 큰 특징이다. 따라서 장석주 시인이 자신의 평론집에서 다른 시인에게 부여했던 '풍경의 철학자' 혹은 '풍경의 발명자'라는 이름은 다시 자신을 명명하는 데 소용되어야 할 것이다.

이처럼, 자연의 아우라가 살아있는, 주체와 소통하는 풍경을 발명한 시인이 그 상상의 외연을 확대하여 마침내 도달한 곳은 우주적 상상의 세계다. 시인은 "단감 꼭지 떨어진 자리는/수 만 봄이 머물고/왈칵, 우주가 쏟아져 들어온 흔적,"(「단감」)이라고 묘파하기에 이른다. 사소한 자연물에 불과한 "단감"의 "마른 꼭지"에서 "수 만 봄"의 시간과 광대한 "우주"의 세계를 상상하면서 새로운 풍경을 발명해낸 것이다. 이러한 상상의 메커니즘 속에서는 세속의 찌꺼기인 인간의 욕망마저도 광대한 우주의 원리로 승화된다.

> 땅이 젖고 싹이 돋는 동안
> 우리가 사랑을 못할 까닭이 없다.
> 삽을 열고 달아오른 눈 먼 두 몸이
> 풀무질하는 동안
> 우주의 질량이 팽팽하게 부풀어 오른다.
> ―「사랑」부분

이 "사랑"은 속된 욕망의 표상이 아니라 자연과 인간이 어우러진 생명들의 풍경이다. 생명의 탄생을 상징하는 "땅이 젖고 싹이 돋는" 자연 현상이 "삽을 열고" "풀무질"을 하는 인간의 "사랑"과 상응하는 광경이다. "달아오른 눈 먼 두 몸"의 "풀무질"은 표면적으로 보면 인간의 "사랑" 행위를 연상시키지만, 실질적으로는 세계의 존재 원리인 자연과 인간의 역동적 상관관계를 표상하는 셈이다. 특히 "우주의 질량이 팽팽하게 부풀어 오른다"는 것은, 평범한 자연 현상을 "사랑"의 행위로 상상하고, 그것을 다시 "우주"적 생명의 풍경으로까지 상상한 결과다. 이 세계는 자연과 더불어 살면서 탈속을 지향하는 사람이 지닌 정결한 마음의 눈이 아니면 포착하기 어려웠을 것이므로, 우리는 은자(혹은 시인)의 가슴 속에 "붉디 붉은 호랑이"처럼 오롯이 도사리고 있을 맑디맑은 영혼의 시선을 느끼지 않을 수 없다. 하여, 시집 『붉디 붉은 호랑이』에는 "호랑이"가 살아 있다.

장 석 주 1975년 《월간문학》과 1979년 《조선일보》 신춘문예에 시로, 《동아일보》 신춘문예에 문학평론으로 등단. 시집으로 『붉디 붉은 호랑이』 등이 있음.

이 형 권 저서로 『현대시와 비평정신』 등이 있음. 현재 충남대 교수.

꽃불을 켜고 있었습니다
누가 보거나 말거나 동백꽃들은
땅바닥에 뚝뚝 떨어져 있기도 했습니다
뚝뚝 떨어진 거짓말을
뒤꿈치로 짓이겨도 보았습니다
짓이겨도 짓이겨도 새빨간 거짓말처럼
이 세상에는 봄이 오고 있었습니다

—「꽃불」 중에서

해학, 생목숨들의 꿈
— 정 양 시집 『길을 잃고 싶을 때가 많았다』, 문학동네

이 혜 원

정 양 시집 『길을 잃고 싶을 때가 많았다』에서는 요즘 보기 드문 '이야기시'가 대다수를 차지하고 있다. 1930년대의 임화나 백석, 이용악 이후로 이야기시는 기층 민중의 삶과 역사를 담는 중요한 장르를 이루어왔다. 1970년대 김지하와 신경림 등에 의해 전통의 현대적 변용이 전격적으로 시도되면서 고조되었던 이야기시의 열풍은 80년대 몇몇 민중시인들에 의해 이어지다가 90년대 이후에는 민중시의 퇴조와 함께 약화되었다. 우리 시의 전반적인 서술화 경향과는 다르게, 기층 민중의 삶을 서사적으로 엮어내는 이야기시의 창작은 그리 활발하다고 할 수 없다. 따라서 정 양의 이번 시집은 민중시의 중요한 미학적 발견인 이야기시의 전통을 새로운 세기로 이어가려는 의미심장한 시도를 담고 있다.

시인이 이야기시를 통해 보여주는 것은 자신의 고향 마을 사람들이 살았던 모습이다. 시인은 평범하다 못해 열등하다고 할 수 있는 많은 변두리 인생들을 주인공으로 삼는다. 죽기도 죽어라 싫어하는 게으름뱅이 용길이, 말수 적고 살비듬 고운 과부댁, 동냥아치 진용이, 노망난 순덕이네 할아버지, 방귀대장 상학이, 또랑광대 남철이 아저씨, 쓸개 빠진 짓만 골라 하는 판쇠 등 비천하고 고단하게 살아간 인물들이 주로 그려진다. 저마다 시련과 결함이 적지 않은 이들의 삶은 단편적인 서사로 재구성되면서 문학적 감흥을 일으킨다. 그런

데 이야기꾼인 시인은 사건과 인물을 멀찌감치 서서 관찰하고 기록하는 제 삼자의 역할만을 고수함으로써 이들이 이야기의 온전한 주인공이 되도록 한다. 반전이나 논평이 이루어지는 부분에서도 마을사람들의 대화를 통해 전달이 되도록 하며 이야기꾼의 개입을 최소화한다. 시인은 문학적 가공이나 주관적 진술을 최소화한 채로 그들의 삶을 사실적으로 기록하고자 한 것이다.

직접적인 진술이나 판단을 드러내지는 않지만 그들의 삶을 바라보는 시인의 관점이 매우 호의적이고 따뜻하다는 사실은 주목할 만하다. 열등한 인물들을 다룰 때 화자의 관점이 긍정적인가 부정적인가에 따라 해학과 풍자가 발생한다면, 그의 시는 단연코 해학에 가깝다. 온 마을사람들의 놀림감이나 웃음거리가 되는 인물에 대해서는 특히 호감을 보인다. 가령 게으르기로 소문난 용길이에 대해서는 "일하기가 죽기보다 싫어/한 해 농사 시작되는 그 똥내를 큼큼거리며/차라리 목매달러 산으로 간다"(「죽기도 죽어라 싫어」)는 상황 묘사에 이어 "죽기도 죽어라 싫어/다 삭은 새끼줄/두어 발 새려들고 산으로 간다"고 하여 그의 인간적인 면모를 따뜻한 해학으로 감싼다. 시인은 가난에서도 웃음과 유희의 본능을 이끌어낸다. 그의 시에는 쇠자래기죽이나 보리밀대 같은 가난한 시절의 먹거리들이 많이 등장한다. 눈물과 섞어 먹었던 그 몹시도 가난한 음식들조차 시인은 정겨운 연대의 기억과 함께 떠올린다. 소주 만들고 난 찌꺼기인 쇠자래기죽을 먹고 취해서 픽픽 쓰러지던 아이들에 대한 기억이나 보리민대를 씹고 껌댕이를 쳐바르며 웃던 일, 보리방귀로 유명했던 상학이의 줄방구 이야기 등 가난 속에서도 웃음을 잃지 않았던 시절이 생생하게 재현된다. 가난하고 비천한 자들에게 있어 웃음은 인간적인 삶의 증명이자 희망의 동력이라 할 수 있다. 시인은 기층민중의 활력을 표상하는 웃음의 가치를 해학으로 승화시킴으로써 그들의 삶에 대한 긍정과 신뢰를 보여준다.

　이야기시의 풍부한 서술성을 통해 시인은 역사와 삶의 진실을 추구한다. 그는 이야기체의 핍진성과 흥미를 살려 실존 인물들이 그려낸 삶의 절실함에 접근한다. 지극히 평범하여 어느 마을에나 있었을 법한 이런 인물들은 곧 기층민의 삶을 대변하는 것이기도 하다. 시인은 늘 주변적인 인물로만 머물던 이들을 주인공으로 삼아 우리 역사를 구성해온 민중의 존재를 부각시킨다. 그의 시는 곳곳에서 이들이 겪었던 전쟁과 반목의 세월을 되살림으로써 역사의 상흔을 증명한다. 일제 때 징용을 피하려 벙어리 행세를 하다 해방이 되자마자 장구채부터 잡았다던 홀비 기수 아저씨(「아 그 장구재비가 글씨」), 행패를 부리는 세무서 직원에게 총을 들이대며 혼을 내준 통쟁이집 큰아들 용봉이(「술 뒤지는 날」), 갑오년 때 총 맞고 살아났지만 이름도 나이도 무조건 모른다고만 하는 순덕이네 할아버지(「이 죽는 소리」) 등 역사의 소용돌이 속에서 상처받거나 변할 수밖에 없었던 사람들의 이야기는 그들이 겪었던 험난한 세월을 실감나게 되살린다. 시인은 고향 마을 곳곳에 남겨진 고난의 흔적을 찾아 민중의 역사를 이야기한다. 가령 우리나라 최초의 저수지라는 벽골제 곁에 있는 신털미산은 저수지 공사에 동원되었던 백성들의 신바닥을 털어낸 흙들이 쌓여 이루어진 산이라 한다(「신털미산」). 이런 기록을 통해 시인은 강제노역에 무수히 동원되었던 민중의 삶을 안타까운 시선으로 회고한다. 당연히 이는 전설이나 기록에 그치는 것이 아니라 오늘날의 삶으로 이어지는 현재적 의미를 갖는다.

　가장 낮은 곳에 있는 미약한 존재들에 대한 시인의 관심은 각별하다. 기층 민중들에 대한 애정과 동궤로 그의 시에는 연약한 생명에 대한 관심이 두드러진다. "미나리꽝에서 건진/젖은 개똥 속에는/막 돋아난 미나리싹도 묻어 있다"(「이른 봄」), "못난 풀 못된 풀 모진 풀

/짓밟아도 뜯어내도 다시 돋는/모질고 모진 꿈들아"(「백초즙」), "저것들 보아, 저것들 좀 보아/그 옆에 버려져 누워 있는 통나무에,/뿌리도 가지도 다 잘린 채 쓰러진/그 등짝에 옆구리에 허벅지에/마른 껍질 찢고 다닥다닥 돋아나는 새싹들"(「저것들 좀 보아」), "짓이겨도 짓이겨도 새빨간 거짓말처럼/이 세상에는 봄이 오고 있습니다"(「꽃불」) 등 희망과 생명의 상징으로서의 식물 이미지가 빈번하게 쓰이고 있다. 한결같이 못나고 흔하지만 봄이 되면 어김없이 일어서는 이들의 생명력을 표나게 강조함으로써 시인은 민초들의 저력에 대한 신뢰를 대변한다.

고향의 이야기들과 길에서의 상념이 주종을 이루는 이번 시집은 정 양 시의 원형과 현재를 두루 살필 수 있게 한다. 시집 제목처럼 "길을 잃고 싶을 때가 많았다"는 그의 방랑벽은, 기실 불꽃처럼 튀고 참숯처럼 이글거리고 싶은 강렬한 생의 열정의 다른 표현이며, '생목숨들'에 대한 간절한 그리움의 증거라 할 수 있다. 그리움은 과거와 현재를 잇는 가장 강력한 끈이다. '목숨의 진액'을 무엇보다 중시하는 시인은 고향의 이야기에서 진귀한 삶의 자취를 이끌어내고 희망의 동력으로 삼는다. 그의 시가 자아내는 따뜻한 웃음은 '생목숨들의 꿈'에 대한 근원적인 믿음에서 비롯된다.

정 양 1942년 전북 김제 출생. 1968년《대한일보》신춘문예에 시, 1997년《조선일보》신춘문예에 문학평론이 당선되어 등단. 시집으로 『까마귀떼』『수수깡을 씹으며』『빈집의 꿈』『눈 내리는 마을』『길을 잃고 싶을 때가 많았다』 등과, 판소리 평론집『판소리 더늠의 시학』, 역서『한국 리얼리즘 한시의 이해』『두보 시의 이해』 등이 있음. 우석대학교 문예창작과 교수.

이 혜 원 1966년 강원 양양 출생. 고려대 국어교육과와 동대학원 졸업. 1991년《동아일보》신춘문예로 등단. 저서로『현대시의 욕망과 이미지』『세기말의 꿈과 문학』『현대시 깊이 읽기』『현대시와 비평의 풍경』 등이 있음. 현재 고려대 문예창작과 교수.

망초忘草 꽃까지 다 피어나
들판 한쪽이 기울 것 같은 보름밤입니다
달빛이 너무 환해서
나는 그만 어둠을 내려놓았습니다
둥글게 살지 못한 사람들이
달보고 자꾸 절을 합니다
바라보는 것이 바라는 만큼이나 간절합니다
무엇엔가 찔려본 사람들은 알 것입니다
달도 때로 빛이 꺾인다는 것을
한 달도 반 꺾이면 보름이듯이
꺾어지는 것은 무릎이 아니라 마음입니다

─「마음의 달」중에서

몸과 생의 너무 많은 입에서 흘러나온, 잘 자란 비명
— 천양희 시집 『너무 많은 입』, 창비

김수이

> 많은 것을 잃고도 몸무게는 늘었다
> 언제부터 비명이 몸속으로 드셨나
> 근심을 밥처럼 먹고 병을 벗 삼아
> 자란 비명들
>
> ―「구멍」 부분

천양희 시집 『너무 많은 입』의 제목인 '너무 많은 입'은 비교의 상대성을 전제한 표현이다. 너무 많다는 것은 "~에 비해" 그러하다는 것인데, 천양희에게 그 대상은 다름 아닌 자신의 몸과 생이다. 몸에는 몸에 비해 너무 많은 입이 있고, 생에는 생에 비해 너무 많은 입이 있다. 이 입(을 통해 드나드는 것)들이 몸의 무게를 늘리고, 생의 무게를 늘린다. "눈물로 된 몸"(「운명」)과 "더 큰 생의 구멍"(「구멍」)은 이렇게 하여 시간이 갈수록 자라난다. 그런데 이 비대한 몸과 생에 뚫린 '너무 많은 입'이 발화하는 것은 말이 아니라, 여러 다발의 뒤엉킨 비명이다. 더 정확히는, 몸과 생이 내뱉고 삼키는 것은 비명이며(비명일 수밖에 없으며), 비명만이 진정한 말의 자격을 갖는다. 그러니 비명이 아니면 말하지 말아야 하고, 비명이 아니면 쓰지 말아야 한다(천양희의 시정신과 시쓰기의 지향성은 여기에 있다). 천양희의 시는 그녀의 몸과 생이 지닌 너무 많은 입들 속에서 수많은 소멸을 겪으며 필사적으로 태어난다. 이를테면, 그녀는 수시로 "제 속의 비명을 꺼내 소리쳐 보"(「마음의 지진」)지만, 그 비명이 '시'가 되지 않는 한 외침의 행위는 "파지의 늪" 속의 "기진맥진"하(「파지」)는 '자맥질'(「물에게 길을 묻다 2 - 참는다는 것」)에 그치게 된다.

인간이 사는 내내 감당해야 할 존재와 생의 구멍을 '너무 많은 입'으로 육화하고 있는 천양희는 천상 시인의 몸을 지녔다고 해야 옳다. 심지어 그녀는 자신이 살았던 '마들'이라는 동네 이름도 '말[言]의 들[野]'로 해석하며('마들'이라는 지명은 이곳이 조선시대에 역과 원이 있어 말을 사육하는 들판이었던 것에서 유래되었다), '말이 뛰놀던 들'(중의적인 의미를 갖고 있다)인 마들에서의 날들을 담담한 어조의 존재론적인 축사로 기념한다. "나는 말이 뛰놀던 들에 대해 생각해보았다/(…)/있다가도 없는 게 생生이다, 마들이여"!(「마들은 없다」) 천양희가 삶의 갖은 고통과 비루함 속에서 "그래도 삶을 수락해야지"라고 자신을 다독일 때도 '마들의 시학과 존재론'은 어김없이 작동한다. "수락에 가려면/먼저 마들을 지나야 한다".(「수락시편」) '마들' 근처의 지명인 '수락'은 '마들'과 마찬가지로 중의적인 의미를 갖고 있다. 남루하고 헐한 생의 수락을 위해 마들을 지나는 내내, 천양희의 몸과 생의 너무 많은 입이 비명으로 넘실거리게 될 것은 충분히 짐작할 수 있는 일이다.

이런 맥락에서, 천양희의 이번 시집은 '마들을 지나는 자의, 몸과 생의 너무 많은 입에서 쏟아져 나온 비명의 기록'이라고 할 수 있다. 이 진술은 지금까지 천양희가 써온 시들 전체를 설명하는 말로도 적잖은 타당성을 지닌다. 그녀의 몸과 생에 너무 많은 입/구멍이 생긴 것은 세상에 상처 받고 피 흘린 마음의 비극적인 내력 때문이다. "무엇엔가 찔려본 사람들은 알 것입니다/달도 때로 빛이 꺾인다는 것을/한 달도 반 꺾이면 보름이듯이/꺾어지는 것은 무릎이 아니라 마음입니다"(「마음의 달」)라고 천양희는 말하거니와, 천양희에게 시쓰기는 상처로 울울鬱鬱한 세상살이를 견디는 몸과 마음의 지극한 행위였던 것이다. 천양희의 어법을 빌면, 그것은 '운명'이라는 누가 미리 써놓은 '잔인한 자서전'(「운명」)에 밑줄을 긋거나 호기롭게 교정하는 일이며, "너무 빨리 거름이 되는" '마음' 앞에서 "아직 속 썩은 인간으로 냄새를 풍기"(「썩은 풀」)는 일이기도 했다.

이 꺾어지고 썩는 몸/마음은 생의 도처에서 그녀를 위무하고 또 모반하기를 거듭한다. 이 거듭됨이 곧 생의 너무 많은 입/구멍을 만드는 원천이니, 천양희가 마들[言野]을 헤매며 끊임없이 터져 나오는 비명 속에서도 "가슴에 땅을 품은 여장부처럼"(「바람을 맞다」) "이제 어디에 머물든 두렵지 않습니다"(「오래 젖은 집」)라고 호언하는 것은 그 거듭됨을 염두에 두는 것이며, 끝끝내 그 거듭됨을 수락하기 위한 것이라고 할 수 있다. "누구의 생도 똑같지는 않았지요/세상에서 가장 어려운 건 사람같이 사는 것이었지요".(「물에게 길을 묻다 3 - 사람들」) 천양희가 7년 만에 낸 신작 시집은 가장 가까이 있으면서도 아득한 생의 길, 사람의 길을 절제되고도 간절한 울림으로 전해준다.

천 양 희 1942년 부산 출생. 1965년 《현대문학》으로 등단. 시집으로 『마음의 수수밭』『오래된 골목』『너무 많은 입』등이 있음. 소월시문학상, 현대문학상 등 수상.

김 수 이 평론집으로 『환각의 칼날』『풍경속의 빈 곳』등이 있음. 경희대학교 교양학부 교수.

생몰 연대가 없는 금강에서 아버지는 나를
껴안는다 스물일곱의 내가 바라보는 錦江 노을,
스물일곱에 아버지는 나를 낳으셨다 내 몸을 죽어라
껴안고 있는 그이의 심장이 펄떡거린다
비단강에 몸 푸는 목숨이여,
비단 같은 탯줄을 끊고 비단처럼
아름다운 나라로 가라,
처음 세상 나실 적처럼 우는 아버지,
나는 건강한 産母로 강바람에 오래 달궈진
버드나무 잎들을 미역 대신 따 먹으리라

아버지, 불쌍한 내 자식,

―「나는 아버지보다 늙었다」 중에서

시의 뿌리, 시의 근원
― 박진성 시집 『목숨』, 천년의시작

하 상 일

최근 우리시의 극단적 변화양상을 바라보면 시의 본질에 대한 근본적인 의문에 부딪히지 않을 수 없다. 아직도 동일성의 시학을 고집해서가 아니라 정작 반동일 혹은 비동일의 시적 논리로도 설명하기 어려운, 아니 이러한 관점으로 시를 이해한다는 발상부터가 시대착오적인 태도로 받아들여지는 오리무중의 시적 현실 때문이다. 저마다 시적 개성을 강조하고 언어적 관습의 혁신을 주장하지만 사실 그 속을 깊이 들여다보면 외형은 그럴듯하지만 알맹이는 없는, 소위 빛 좋은 개살구에 불과한 경우가 허다하다. 자아와 세계의 관계를 고민하던 주체의 자리는 사라지고 기표와 기의의 결합이 만들어내는 의미론적 기호도 실종되고 말았다. 오로지 무수한 기표들의 의미 없는 놀이가 연쇄적으로 펼쳐져 있을 따름이다. 시적 진정성은 이미 지독하게 훼손되었고 그 자리에 새롭게 생성될 것으로 믿었던 신생의 의미도 낡고 고루한 담론의 차원으로 격하되고 있는 실정이다. 따라서 무엇보다도 지금 우리 시단은 시적 주체를 다시 정립해야 하고 시적 윤리에 대해 진지하게 고민해야 할 때다. 주체가 탈각된 자리에서 타자들의 기호는 아무런 소통의 장을 생산해내지 못하는 것이다. 더욱 정직하게 현실을 인식해야 하고 긍정/부정의 낡은 이분법을 뛰어넘는 시적 긴장을 뚜렷하게 형상화해 내야 한다.

이런 점에서 박진성의 시는 아주 특별한 의미를 지닌다. 그의 시는 체험의 깊이에서 아주 자연스럽게 우러나오는 실존적 현실인식과 이를 미학적으로 재구성하는 윤리적 주체를 지니고 있기 때문이다. 그의 시에서 여느 젊은 시인들과는 다른 아주 무거운 진정성을 발견할 수 있는 것도 바로 이러한 이유 때문이다. 그에게 현실은 싸워야 할 대상들로 가득 차 있다. "상습불면, 자살충동, 공황발작"(「안녕」)으로 나타나는 자신의 또 다른 내면은 온통 현실을 부정적으로 일그러뜨리고 만다. "날카롭고 뾰족한 대나무는 스스로 칼이 되고 있었다"(「대숲으로 가다」)고 말하는 것처럼 그의 무의식에는 현실에 대한 적개심과 울분들이 깊숙이 잠재되어 있다. 원인모를 병마와의 지독한 싸움은 의학적으로 해결될 수 있는 것이 아닌 듯하다. 하지만 "(오늘 검사에서도 아무 이상이 없었다)"(「봄 밤」)는 내면의 말을 괄호 속에 묶어두었듯이, 이미 그는 자신의 병을 고치는 방법을 알고 있다. "울분을 고요로 바꾸는 힘", "텅 빈 물소리에 가득한 고요"(「적벽가자」)를 이미 깨달았기 때문이다. 그것은 바로 근원으로 돌아가는 것이다. "붉은 다라이 안에서 나는 물고기"(「수궁에서 놀다」)였기 때문에 "어쩐지 숨 쉬는 일이 뻑뻑해서 숨을 닫아버리고 싶을 때"(「목숨─금강에서」), "환자복에 가죽점퍼 걸치고 버스를 타면/금강의 물빛이 달려들었"(「대숲으로 가다」)던 것이다.

이처럼 "이제 病은, 내가 싸워야 할 어떤 대상이 아니라 내가 끌어안고 동시에 내가 거느려야 할 뿌리"(「自序」)라는 사실을 인지하면서부터 그는 "나는 詩人이 될 거야"(「대숲으로 가다」)라고 말하기 시작한다. 그의 말대로 "病이 거느리는 이러한 원심력과 구심력은 시를 밀고나가는 팽팽한 두 힘"(「病詩」)으로 작용한다. 죽음과 삶이 교차하는 일상의 한가운데에서도 그의 시는 "금강으로 내달리던 나의 열

아홉"(「목숨―금강에서」)을 떠올리는 것이다. 이처럼 박진성의 시는 오랜 투병의 과정에서 현실에 대한 절망과 미래에 대한 불안을 내면화하기보다는 과거를 현재화하고 미래를 현재화하는 근원적 시간의식을 보여준다. 그의 시는 할머니의 죽음과 자신의 유년이 고스란히 내면화되어 있는 금강에서의 경험을 '영원한 현재'로 묶어두려 하는 것이다. 그에게 있어 금강은 낡고 오래된 풍경이지만 여전히 빛을 발하는 "파르테논" 신전과 같은 의미를 지닌다. 그래서 그는 "동백꽃 봄의 중심으로 지면서 빛을 뿜어낸다"는 사실에 주목하여 "내 몸 속 붉은 피에 불지르고 싶다 다 타버리고 나서도 어느 날 내가 유적처럼 남아 이 자리에서 꽃 한 송이 밀어내면 그게 내 사랑이다 피 흘리며 목숨 꺾여도 봄볕에 달아오르는 내 전 생애다"(「동백 신전」)고 말하는 것이다.

　박진성의 시는 여러모로 우리시의 새로운 지점을 예감하게 한다. "울분을 고요로 바꾸는 힘"과 "내 몸은 아버지보다 늙었다"(「나는 아버지보다 늙었다」)에서 드러나는 양가적 긴장이 빚어내는 사유는 시의 뿌리와 시의 근원을 새롭게 정립하게 한다. 그의 시는 비록 病詩의 풍경을 하고 있지만 어디까지나 그것은 외형일 뿐 더욱 중요한 문제는 주체가 세계를 바라보는 내면화의 방식에 있다. 모든 대립과 경계를 무화하는 새로운 지점에서부터 그의 시는 내면화되고 있는 것이다. 그것은 단순한 통합이나 절충의 차원에서 이루어진 것이 아니라 체험의 깊이에서 형상화된 것이란 점에서 상당한 진정성을 내포하고 있다.

　혹자는 문학을 일컬어 목매달아 죽어도 좋을 나무라고 했다. 박진성의 시 역시 목숨을 건 흔적이 역력하다. 이러한 그의 시적 진정성을 어찌 따라갈 수 있으랴. 그의 시집 표지에 선명하게 박힌 '목숨'이란 두 글자에 담긴 시적 힘을.

박 진 성 1978년 충남 연기 출생. 2001년 《현대시》로 등단. 시집으로 『목숨』이 있음.

하 상 일 평론집으로 『타락한 중심을 향한 반역』 『주변인의 삶과 시』 『전망과 성찰』 등이 있음. 제8회 고석규비평문학상 수상. 『오늘의문예비평』 『비평과전망』 편집위원. 현재 동의대 문예창작학과 교수.

할머니를 중심으로
우리 가족은 카메라를 보고 있다
아니, 카메라가 초점에 잡히지 않는
우리 가족의 균열을
조심스레 엿보고 있다
더디게 가는 시간에 지친 형들이
이러다 차 놓친다며
아우성이다 하지만
이미 무너지기 시작한 담장처럼
잠시 후엔 누가 붙잡지 않아도
제풀에 지쳐 제각각 흩어져 갈 것이다
언제나 쫓기며 살아온 우리 가족
무엇이 그리 바쁘냐며
일부러 늑장을 부리시는
아버지의 그을린 얼굴 위로
플래쉬가 터진다

―「가족사진」 중에서

환하게 시들어 가는 가족 이야기
— 이창수 시집 『물오리 사냥』, 천년의시작

강경희

시인들에게 '가족'의 문제가 시의 중심 소재로 등장하는 것은 궁극적으로 '나'라는 존재성에 대한 물음과 맞닿아 있다. 그것은 나와 관계된 특수한 타자인 가족을 이해하는 방식에 따라 삶의 태도와 방향이 변화되기 때문이다. 이창수의 『물오리 사냥』에서 가족은 자신의 삶을 지배하는 핵심적 요소로 등장한다.

그의 시집 곳곳에는 다양한 '가족사'가 나온다. 예컨대 '고조부님'의 노름빚으로 날린 집을 끝내 지켜낸 "6척 거구이신 고조모님"의 이야기(「이장」), '일제 때 금을 캐려고 동굴을 판 외할아버지'와 "빨치산에게 총살당"한 외삼촌, 지리산으로 들어간 삼촌의 이야기,(「봄날은 간다」), "나를 위해 점을 치던 할머니"의 기억(「물고기자리」), "부끄럼을 잘 탄다고 어렸을 적" "배롱나무 둥치를 살살 간지럽히곤 했"던 작은형에 대한 추억(「배롱나무꽃」), "옆 집 염소를 끌고 왔던 날/회초리로 나를 때"리던 엄한 아버지의 모습(「염소」), "김치를 찢어 동생에게 먹이던 어머니"의 자상한 얼굴(「실종」) 등은 지난했던 그의 가족사의 일면을 들여다보게 한다.

이창수에게 가족은 과거뿐 아니라 현재에도 그의 삶을 지배하는 중심 요소이다. 그에게 가족은 기억으로만 존재하지 않는다. 즉 '지금-여기'에서 지속적으로 '나'와 관계를 맺는다. 『물오리 사냥』에서 흥미로운 점은 시인이 재구성해놓은 가족사가 개인의 특수한 서정에만 한정되지 않고 우리의 보편적 삶의 정서를 환기한다는 점이다. 특히 그의 시는 서정의 형식을 통해 시간과 공간을 아우르는 서사의 내용을 담고 있다는 점에서 '역사성'을 지닌다.

이창수의 시에서 '과거'와 '현재'의 경계는 주로 '농촌'과 '도시'로 나누어진다. 농촌은 그의 유년 시절을 관통했던 삶의 토대이며, 도시는 그의 현재적 삶이 진행되는 공간이다. 그에게 농촌과 도시는 '단절'과 '균열'의 축이 된다. "고향에서 서울로 나오기까지 삼십오 년이 걸렸다/성남에서 서울로 나오는데도 일년 반이 걸렸다/달력을 넘기다 보니 벽이 나타났다(「어디까지 왔니?」)"는 구절처럼 '고향'과 '도시'는 긴 시간의 격차를 지니며, 이곳과 저곳을 분리하는 '벽'으로 비유된다. 산업화와 도시화는 근대적 형태의 가족의 해체와 붕괴를 초래했다. 가족의 해체와 붕괴는 더 이상 혈연과 지연을 중심으로 한 공동체의 삶이 존속될 수 없음을 의미한다. 급격한 사회·경제구조의 변화는 가족을 중심으로 한 공동체의 유대감을 상실하게 만들었다.

할머니를 중심으로
우리 가족은 카메라를 보고 있다
아니, 카메라가 초점에 잡히지 않는
우리 가족의 균열을
조심스레 엿보고 있다
더디게 가는 시간에 지친 형들이
이러다 차 놓친다며
아우성이다 하지만
이미 무너지기 시작한 담장처럼

잠시 후엔 누가 붙잡지 않아도
제풀에 지쳐 제각각 흩어져 갈 것이다
언제나 쫓기며 살아온 우리 가족

— 「가족사진」 부분

"할머니를 중심으로" 모인 가족들, 그러나 가족은 곧 "제각각 흩어져" 제 갈 길을 가야만 한다. 각박한 삶은 한 순간의 여유도 제공하지 않는다. "언제나 쫓기며 살아온 우리 가족"에겐 이미 "무너지기 시작한 담장처럼" "가족의 균열"이 보인다. "서울이 무슨 시베리아 같다"(「서울 물오리들」)고 말하지만, 이 추운 유배지의 땅에서 나는 살아가야만 한다. "살아가는 내내 고향은/껍질 얇은 물오리 알로 변해가고/사람들은 갈수록 살기 힘들다며" 삶의 고통을 호소한다. 고향은 이제 "사나운 강"(「보성강」)으로 존재할 뿐이며, 나는 "둥지를 잃어" 버린 새처럼 "지독히 추운 겨울바다"(「채석강에서」)로 불안한 생의 길을 떠나야만 하는 것이다. 그러나 그에게 '고향' '유년' '가족'은 그리움의 원천이자, 남은 생을 지탱하게 만드는 의식의 주춧돌이기도 하다. "고요히 흘러가는 강물도 겨울엔 뼈를 갖는다/그리움이 그리움을 지우는 물결이 세상의 여울을 거쳐 희고 단단한 물의 뼈대"(「겨울 물오리」)를 만드는 것처럼, 그에게 과거는 '단단한 뼈'처럼 그의 생의 중심에 뿌리박고 있는 것이다.

가족 서사의 원리는 대부분 인간의 삶을 기초로 한다. 인간의 행위나 생생한 삶의 모습을 이야기함으로써 가족 서사는 인간에 의해 야기된, 인간이 치유해야 될 문제가 무엇인지 고민하게 만든다. 이는 나와 가족의 이야기를 통해 궁극으로 '인생'이란 무엇인지를 되묻게 하는 것이다.

오늘날 시인들에게 가족 서사는 이미 낡은 것으로 치부되거나 더 이상 신선한 의미를 담지 못하는 식상한 소재로 인식되곤 한다. 그러나 이창수의 『물오리 사냥』은 우리의 불우하지만 따뜻했던, 잔혹하지만 한없는 연민을 담고 있는 지난했던 생의 흔적들을 돌아보게 만듦으로써 한 개인의 서정을 넘어 사회와 역사와 깊이 연대하려는 의식을 보여준다. 그에게 잔인한 세속 도시는 "중병을 앓(「희한한 병명」)"게 한다. 하지만 그는 이러한 삶의 고통 속에서 "이 세상에서 가장 긴 밧줄(「그믐달」)"인 고향과 가족을 발견한다. 그것이 비록 "사연 많은 풍경만 남겨둔 채" 지나가 버릴지라도 그 풍경 속에 있는 시인의 초상은 슬프지만 아름답다.

이 창 수 1970년 전남 보성 출생. 광주대학교 문예창작과 졸업. 2000년 《시안》으로 등단. 대산창작지원금 수혜. 광주대, 중앙대 강사.

강 경 희 숭실대 국문과와 동대학원 박사과정 졸업. 2001년 《문화일보》 신춘문예 평론으로 등단. 현재 숭실대, 산업대 강사.

산문을 채 빠져나가지 못한 안개가
층층나무 무량층에 걸터앉아
조계산 등성이를 마악 건너온
넋새 한 마리 밤이슬 젖은 머리
쓰다듬어주고 있다 그려 그려
고생했네 고생했네
삭신도 내려놓으면 홀연
이 아침처럼 화엄이 보일 터
노스님 예불 소리에
처마 끝 풍경이 운다, 울어
깨끗해지는 한 생애여
무성한 시간의 수풀 사이로
나도 돌아갈 길이 보이듯

―「한지+수묵+담채 162×132cm-임농林農, '송광사의 아침'」중에서

심미성과 영혼의 기도 소리
— 허형만 시집 『첫차』, 황금알

노 철

허형만의 시집 『첫차』는 비폭력적인 대화법을 담고 있다. 이 시집에서는 일상생활에서 모르면서 모르는 척 하면서 숱하게 저지르는 폭력적인 말과 그 말들이 불러오는 분노와 절망을 덜어내는 방법과 마음을 읽을 수 있다. 그러므로 시인의 마음이 빚어낸 풍경은 아름답다.

첫차를 타보면 누추한 차림새에 자울거리는 사람들 혹은 무슨 꿈을 꾸는지 초롱초롱한 사람들이 듬성듬성 앉아 있게 마련이다. 이 풍경에서 누구는 삶의 고단함을 읽고, 또 누구는 싱싱한 노동의 기운을 읽는다. 또 다른 누구인 허형만은 이 풍경에서 우주의 아름다운 풍경을 읽는다.

조숙조숙 조으는 사람들

눈송이와 개똥벌레처럼 아름다운

난쟁이 은하의 푸른 별들이여
　　　　　　　　　　　—「첫차」 전문

조숙조숙 조는 모습이 눈송이라니 그 빛깔과 모습이 한량없이 맑고 깨끗하다. 깜박깜박 조는 모습이 개똥벌레라니 그 사람들이 반짝 반짝 빛난다. 시인의 이러한 감수성이 부럽다. 아이처럼 맑고 고운 심성이 아니고야 도저히 감지할 수 없는 감각이다. 양쪽에 텔레비전들을 세워 깜빡이게 하던 백남준의 심성을 떠올리게 한다. 요즈음은 누구도 도시의 깜박이는 네온사인을 아름답게 바라보지 못한다. 이미 불빛을 계산적으로 바라보기 때문이다. 백남준이 뉴욕의 불빛에서 어린 시절 반딧불의 아름다움을 떠올린 것이 유명한 예술이 되었던 것은 바로 이런 순수한 시선 때문이었을 것이다. 첫차에서 조는 사람들을 '난쟁이 은하의 푸른 별들'로 감지하는 심미성도 똑같이 순수한 시선에서 빚어진 것이다.

그렇다고 시인은 어린 아이는 아니다. 삶의 힘겨움과 아픔을 곰삭히는 법을 아는 이순耳順의 나이로 삶을 관조하고 아름답게 만들어가는 법을 알고 있다. 물론 시인이 따르는 순리順理가 당장 돈이 되고 밥이 되는 것은 아니다. 바꾸어 생각하면 아무리 출세를 하고 재산이 많아도 늘 궁핍한 사람이 천지인 세상이다. 아니 돈이 없는 자나 있는 자나 모두가 궁핍해진 시대다. 스스로를 가꾸고 아름답게 사는 길을 잃어버린 시대는 꿈조차 꾸지 못하는 세상이다. 그러므로 꿈을 꾸는 자는 과거에 집착하거나 혹은 무능한 자로 취급받기 일쑤다.

> 사랑이란 비어있는 영혼을 채우는 것이다. 오늘도 저물녘 창가에
> 앉아 새 별을 기다리는 사람아. 새 별이 반짝이면 조용히 꿈꾸는 사
> 람아.
>
> ―「사랑법」 부분

도대체 우리의 영혼은 무엇으로 가득 차 있는 것일까. 지치고, 화내고, 속상하고, 우는 일은 왜 벌어지는 것일까. 모두가 자기 눈앞에

보이는 것에 집착하기 때문일 것이다. 오늘날 우리는 자기 몸과 마음이 원하는 것보다는 남이 어떻게 보느냐에 신경을 쓰다가 내 몸과 마음이 어디에 있는지조차 잊어버린다. 그러다 문득 자기 나이와 몸을 느낄 때 한없이 쓸쓸해진다. 이 쓸쓸함이야말로 빈 영혼을 발견하는 순간이다. 이때 비로소 창가에 혼자 앉을 수 있고, 우주의 시간을 감지할 수 있게 된다. 그러므로 새 별을 기다릴 줄 알고, 우주 속에 아주 작은 난쟁이 별인 태양계에 존재하는 인간의 운명을 헤아리게 되는 것이다.

    삭신도 내려놓으면 홀연
    이 아침처럼 화엄이 보일 터
    노스님 예불 소리에
    처마 끝 풍경이 운다, 울어
                        —「한지+수묵+담채 162×132cm」부분

  육신을 빌어 잠시 이 땅에 머무는 인간이 그 육신을 내려놓으면 영혼의 소리를 감지하는지 모른다. 처마 끝 풍경의 울음은 바로 영혼이 자신의 숙명을 감지하는 울음으로서 진정한 서정인지 모른다. 허형만의 이 시집의 울음은 이처럼 존재의 숙명에서 빚어지는 영혼의 기도소리인지 모른다. 그러므로 그는 사람들과 함께 잘 어울리고 잘 웃는 것을 삶의 길로 삼고 있다.

    이제부터는 그냥
    웃기만 하기로 했다
    실성했다 해도

허파에 바람 들었다 해도
이제부터는 그냥
웃기만 하기로 했다
내 가는 길
훤히 트이어 잘 보이므로

—「가는 길」전문

시인의 웃음은 아주 평범하여 눈에 띄지 않을 것이다. 웃다가 쫓겨나 스님의 도道 찾기처럼 남의 입에 오르내리지도 않을 것이다. 한 시인의 말을 빌면 각자의 마음속에 가라앉은 놋쇠항아리처럼 마음속에 살아 있는 하느님이기 때문이다.

허형만 1945년 전남 순천 출생. 1973년《월간문학》으로 등단. 시집으로『비 잠시 그친 뒤』,『영혼의 눈』,『첫차』등과 평론집『시와 역사인식』,『영랑 김윤식연구』등이 있음. 월간문학동리상, 한성기문학상 등 수상. 현재 목포대학교 국문과 교수, 목포현대시연구소장, 현대문학이론학회장.

노 철 1999년『시안』으로 등단. 저서로는『현대시 창작 방법 연구』,『문명의 저울』,『시교육의 방법과 실제』,『시연구방법과 시교육론』등이 있음. 현재 전남대학교 국어교육과 교수.

최하림

산 아래로 구름이 내려오면서
바람이 일고 소백산은 갈수록
깊어간다 영동을 떠난 지 벌써
다섯 시간째 차는 헉헉거리며
죽령고개를 넘어 터널을 빠져나간다
시간들이 파랗게 얼어 유리창에
달라붙는다 연화봉 아래
희방정사에서는 저녁 예불을 올리는지
범종 소리 떼엥떼엥 울고
고라니들이 소나무 숲 새로
걸음을 죽인다 나는 해남길에서
저러한 고라니들을 본 적이 있다
고라니들은 숨을 죽이고 있다
고라니들이 두렵다

— 「겨울 단양행」 중에서

풍경의 시간들
— 최하림 시집 『때로는 네가 보이지 않는다』, 랜덤하우스중앙

구모룡

「시인의 말」에 의하면 『때로는 네가 보이지 않는다』는 "북한강 가로 이사 온 뒤에 쓴 시들"로 엮여진 시집이다. 3, 4부를 구성하고 있는, 외몽고와 시베리아 그리고 남도를 대상으로 한 몇몇 기행시들을 제외한 대다수의 시편들은 풍경과 더불어 살면서 풍경과 만난 경험들을 서술하고 있다. 최하림 시인에게 풍경은 일상이다. 일상으로서의 풍경이라는 문제의식에서 그의 시가 주목된다. 다른 많은 시인들에게 풍경은 비루한 일상을 소격하는 기능으로 수용된다. 하지만 그의 경우 풍경들은 나날의 일상을 구성하는 내용이다. 그의 시는 풍경을 느끼고 받아들이는[感受] 시적 자아의 이야기들이다.

최하림의 시가 보이는 개성적인 국면들은 여럿이다. 먼저 풍경과 만나는 자아의 입장이다. 여기서 선경후정先景後情의 전통적이고 일반화된 방법을 말하고자 하는 것은 아니다. 그의 시는 풍경과 자아의 선후 문제가 아니라 풍경과 자아의 관계를 주목하게 한다. 풍경을 대하면서 그는 자족적인 감성에 빠지지 않는다. 각각의 사물들을 있는 그대로 서술한다. 그의 시에서 시적 자아는 풍경의 주체가 아니다. 풍경의 일부일 뿐이다.

나는 금강천을 건너 무주로 간다//별들이 호두나무 가지 새에 하나 둘 걸리고 반딧불이들이//가지 아래로 흘러간다 물 먹은 새들이

흘러간다//오오 나는 언제 마른 늑골을 앙상하게 드러내면서//별처럼 떠오를 수 있나? 달은 언제 강을 비추나?

―「나는 금강천을 건너」부분

이처럼 사물들은 시적 자아의 동화 대상이 아니다. 별들과 호두나무와 반딧불이와 새 들은 모두 '나'와 대등한 위치에 있거나 '나'의 위상을 깨우치게 하는 존재들이다. 시적 자아는 이들의 현상을 받들면서 자기를 인식한다. 그런데 이러한 시적 인식은 매우 섬세한 언어들로 표출된다. 어떠한 동어반복도 허용될 수 없는 것이다. "모든 것이 지난해와 다름없이 진행되었으나 다른 것이 없지는 않았다 헛간에 물이 새고 울타리 싸리들이 더 붉어 보였다"(「마음의 그림자」). 이처럼 마음과 풍경은 변화하는 가운데 서로 교섭한다. 시인은 "가을에는/물물이 빛나지 않는 것이/없다"(「공중을 빙빙 돌며」)라고 진술한다. 비단 물물이 빛나는 것은 가을만이 아닐 것이다. 시인의 의식에 모든 사물들이 늘 새롭다. 그래서 그는 이러한 사물들과 만나면서 자연스럽게 이야기하려는 의지를 갖는다.

공기가 조금씩 조금씩 부풀어 오르고 역광을 받은 나무 이파리들이 검붉게 빛나고 할머니들의 머리도 빛난다 먼지를 흠뻑 뒤집어쓴 맨드라미들이 울타리 너머로 고개를 내민다 할머니들은 마당 깊은 집으로 간다 현관문을 밀고 들어간다 할머니들의 이야기 소리가 밤내 도란도란 울린다 세상에서 제일 아름다운 불이 환하게 창을 밝히고 밤벌레들이 날아들고 어디서 고라니들이 내려오는지 가랑잎 서걱거리는 소리 들린다

―「할머니들이 도란도란」전문

할머니들의 이야기가 무엇인지는 알 수 없다. 하지만 평화롭고 따뜻한 인정을 담은 내용일 것이라 짐작된다. 시인 또한 인용시가 보여주는 화해로운 풍경을 이야기하려 한다. 이야기는 사람과 사람을 이어준다. 아름다운 이야기들이 유대감을 만들고 공동체를 형성하는 것이다. 시인이 풍경에서 이러한 지향들을 보이고 있는 것은 사실이다. "보라 가을은 저렇게 멀어지고 또 멀어지면서 비무장지대와 같은 나라를 만든다"(「나는 너에게 편지를 쓴다」). 그가 꿈꾸는 근본을 읽을 수 있게 하는 대목이다. 그러나 그의 시가 풍경을 통해 이러한 유토피아의 흔적을 찾아가고 있는 것은 아니다. 무엇보다 그의 시는 사물의 존재와 변화를 현현하는 데 주력하고 있다.

특히 시간에 대한 집중은 이 시집에서 매우 두드러진 특징이다. 풍경과 시간과 '나'라는 세 가지 연관성에서 시적 지평을 개진하고 있는 것이다. 가령 그는 시시각각 변화하는 풍경을 접하면서 "시간들이 날아간다 나는 가슴이 울렁거리기 시작한다"(「공중으로 너풀너풀 날아간다」)고 진술한다. 또한 "나는 마루로 내려갔다 놀랍게도 마루에는 물과 같은 시간이 넘실거리면서 가고 있었다 서상書床은 시간 위에 둥둥 떠가고 있었다"(「서상書床」)라고 유동하는 시간을 견디는 사물의 모습을 말하기도 한다. 그리고 "빈들이 시간들을 끌어당긴다"(「저녁 종소리 울린다」)는 진술에서처럼 사물이 구성하는 시간이라는 관념을 말하기도 한다. 이처럼 시인은 다양한 시간의 양상을 천착하고 있다. "시간들은 다리에 걸려 더러는 시계처럼 쌓이고 더러는 썩고 문드러져 떠내려간다"(「십일월에 지나는 산굽이에서」), "그림자들은 흔들리고 나는 사랑이 없는 길 위에/서성이고 있다 시간이 서성이고 있다"(「눈발이 날리다 말고」), "돌아보는 시간은 멀고 희미할 뿐"(「어디선지 한 소리가」), "싸리나무들은 떨리는 소리로/시간의 가장자리를 흔들고"(「해남 가는 길」), "바람이 새 깃을 가볍게 흔든다 시간들이 출렁인다"(「봄날이 온다」), "물이 흐르고 시간의 소리/높게 울린다"(「북한강」). 이처럼 시간의 현상학은 최하림의 중요한 시적 주제이다. 쉽게 그가 근대적으로 분절된 시간의식을 거부하고 풍경과 사물, 그리고 이와 함께 하는 자아의 시간을 경험하고 있다고 요약할 수 있을 것이다. 그의 시는 지금 풍경의 시간들과 함께 하고 있다. 모든 사물들의 미세한 움직임과 변화들, 소리와 빛깔과 모양들이 다 시간인 것이다. 이러한 가운데 그가 봄과 여름보다 가을과 겨울, 특히 겨울에 대한 시적 경사傾斜를 보이고 있는 것이 느껴진다. "나의 출처인 겨울 언어들"(「지난 겨울 기억」)이라는 시구가 눈에 크게 들어오기도 한다. 겨울 풍경의 시간들이 가지는 의미지향은 무엇일까? 이에 대한 답이 쉽지 않을 듯하다. 하지만 그가 그려내고 들려주는 풍경의 시간들에서 우리는 틀림없이 시인의 깊은 내면성과 만나게 되어있다.

최 하 림 1939년 전남 목포 출생. 1964년《조선일보》신춘문예로 등단. 시집으로 『우리들을 위하여』『겨울 깊은 물소리』『풍경 뒤의 풍경』『때로는 네가 보이지 않는다』 등이 있음. 조연현문학상, 이산문학상, 현대불교문학상 등 수상.

구 모 룡 1959년 경남 밀양 출생. 1982년《조선일보》신춘문예 문학평론으로 등단. 평론집으로 『제유의 시학』『문학과 근대성의 경험』『지역문학과 주변부적 시각』 등이 있음. 현재 한국해양대학교 동아시아학과 교수, 시전문 계간지《신생》편집위원.

쉽게 만들 것은
아무것도 없다는
물컹물컹한 말씀이다
수천 수만 년 밤낮으로
조금 무쉬 한물 두물 사리
소금물 다시 잡으며
반죽을 개고 또 개는
무엇을 만드는 법을 보여주는 게 아니라
함부로 만들지 않는 법을 펼쳐 보여주는
물컹물컹 깊은 말씀이다

— 「딱딱하게 발기만 하는 문명에게」 중에서

경계境界, 혹은 방외方外를 지탱하는 유연한 힘
— 함민복 시집 『말랑말랑한 힘』, 문학세계사

한 강 희

『말랑말랑한 힘』은 함민복 시인이 이전 세 시집에서 보여준 삶과 세상에 대한 감수성과 인식태도가 숙성된 경지에 다다르고 있음을 확인시켜 준 네 번째 시집이다. 주지하다시피 첫 시집 『우울氏의 一日』(1990), 두 번째 시집 『자본주의의 약속』(1993), 세 번째 시집 『모든 경계에는 꽃이 핀다』(1996)에서는 시적 화자가 맞닥뜨리는 '세상'에 대한 불화로 인해 삶과 시, 어느 일방이 우세종을 이루며 그늘과 상처의 흔적이 시편 행간에 의식적, 무의식적으로 내비쳐졌다.

주지하다시피 세 시집에서는 시인이 세상과의 조우에서 겪은 가족사적 곤핍과 불편한 속내, 개인적 불우와 좌절로 이어지는 우울한 초상화, '내 머리 속의 흙 한 삽'에 비견된 '천석고황'의 회원, 자본주의 코드가 내장한 문명의 가속도 비판, 출세간 수직적 위계질서에 대한 항변 등이 홍건하게 묻어 있다.

하지만 '강화살이 10년의 온전한 시적 보고서'인 "말랑말랑한 힘"의 전편에 산견되는 시적 기조는 발상과 기법이 유연하거니와, 그 유연성은 자연에 대한 천부적 친연성과 진솔분방한 감각적 터치, 화자 특유의 응숭 깊은 유유자적에서 힘입은 바 크다.

요컨대 시와 삶, 삶과 시가 자재롭게 혼융되고 있음을 볼 수 있다.

이런 점에서 다소 저널적 측면이 개입돼 있긴 하지만 많은 평자들이 "유연해졌다, 관조에 근사하다, 부드러운 힘이다, 도가풍을 닮아 있다, 자본주의(진흙) 속에서 피어난 연꽃이다"고 언급한 것은 대체로 수긍할 만하다. 반 어부로 거듭난 시인이 자의식이자 원체험인 가난과, 또 하나의 극복대상인 가족사마저 감당하게 된 것은 개펄에서 퍼낸 '말랑말랑한 힘'이 육체와 정신을 숙성시킨 질료로 상승 작용했기 때문으로 분석된다.

시인이 '제24회 김수영문학상' 수상 소감에서 "우물 밖 개구리가 되기보다 우물 안의 세계를 더욱 자세히 살펴볼 수 있는 '우물 안의 시인'이 되고 싶다"는 술회는 70여 시편이 반증하고 있다. 시인은 삶의 지근거리에 널브러진 많은 대상을 다양한 방식으로 노래하기보다는 화자 내면이 포즈한 대상과의 거리를 신축적으로 조정하는 데 성공하고 있는 셈이다. 여기서 우리는 포에지가 대상에 정밀하게 투사되는, 농익은 마음의 한 경지를 접할 수 있다.

시인이 강화살이에서 취택한 첫 번째 시적 질료는 자신만의 마음자리를 곧추 세우는 도상으로 읽힌다.

> 삐뚤삐뚤/날면서도/꽃송이 찾아 앉는/나비를 보아라//마음아
> ―「나를 위로하며」 전문

> 뒷산에서 뻐꾸기가 울고/옆산에서 꾀꼬리가 운다/새소리 서로 부딪히지 않는데/마음은 내 마음끼리도 이리 부딪히니/나무 그늘에 좀 더 앉아 있어야겠다
> ―「그늘 학습」 전문

그는 삶의 운용이 처소의 이동에 따라 움직이는 것이 아니듯 시인으로서의 자세도 마음가짐에서 비롯된다고 파악한다. 미물인 새들도 서로 지저귀면서 상쟁相爭의 소리를 내지르지 않는데 시적 화자는 무시로 마음다툼이 일어남을 반성하게 되고 자연에 진득하게 투사하는 것이 한 방법임을 감지한다.
　두 번째는 시적 추구에 관한 방법일진대, 화자는 대상을 낮고 겸허하게 바라보고자 하는 데서 찾고 있다.

　　　물울타리를 둘렀다.//울타리가 가장 낮다.//울타리가 모두 길이다.

　　　　　　　　　　　　　　　　　　　　　―「섬」 전문

　　　소낙비 쏟아진다/이렇게 엄청난 수직을 경험해 보셨으니//몸 낮추어//수평으로 흐르실 수 있는 게지요/수평선에 태양을 걸 수도 있는 게지요

　　　　　　　　　　　　　　　　　　　　　―「물」 전문

　모든 길은 낮은 곳에서 기원한다. 수평선을 두른 낮은 '물울타리'가 없었던들 어찌 섬이 존재하겠는가. 시인에게 수평선은 편안함과 안정감을 부여한다. 반면 수직은 욕망 지향적이기에 불안하다. 수직으로 높이 쌓으면 쌓을수록 인간의 마음은 더욱 사나워질 뿐이다. 그래서 시인은 말랑말랑한 개펄의 흙에서 '개펄의 상상력'을 일깨운다.
　시인은 "뻘은 아무것도 안 만들고, 반죽만 개고 있고요. 집이 필요하면 뻘에 사는 것들은 구멍을 파고 들어갈 뿐 표면은 부드러운 수평

을 유지한다."는 뻘밭의 이치를 표나게 내세우고 있다. 이처럼 시집 『말랑말랑한 힘』에는 스스로 반죽하는 부드러운 개펄에서 캐낸 펄떡이는 은유와 환유의 응축된 시어들이 가득 차 있다.

말랑말랑한 흙이 말랑말랑 발을 잡아준다.//말랑말랑한 흙이 말랑말랑 가는 길을 잡아준다.// 말랑말랑한 힘//말랑말랑한 힘
—「뻘」 전문

거대한 반죽 뻘은 큰 말씀이다/쉽게 만들 것은/아무것도 없다는/물컹물컹한 말씀이다
—「딱딱하게 발기만 하는 문명에게」 부분

시인은 여기서 높은 것이 아니라 낮은 것이, 단단함이 아니라 부드러움이 진짜 힘이라는 점을 내세운다. 부드럽고 '물컹물컹' 하고 '말랑말랑한' 뻘밭이 연출하는 유연성의 정신이야말로 '큰 힘'이 될 수 있음을 형상화한다. 뻘은 물컹물컹하지만 '큰 말씀'으로 간주된다. 뻘이 생명력이 꿈틀대는 '바닷 것'들을 생산하듯, 뻘밭이 부여한 '큰 말씀'으로 인해 시인의 마음 역시 후줄그레한 뻘밭이 되었다. 화자는 이제야 가난과 불우 따위에 꺾이지 않고 너끈히 버텨낼 수 있는 보루 하나를 찾았다.

강화 동막리 앞바다에 펼쳐진 가없는 수평선은 딱딱한 땅 위에 수직의 길로 세워진 거만한 문명을 잠재우기에 충분하다. 그러면서 편리성에 의해 쉽게 만들어지는 물신주의의 허상에 일침을 가한다. 시인에게 개펄의 상상력과 그 언어는 온전한 삶을 지탱하는 동일성의 기제가 되고 있다. 마음의 보폭이 타자를 끌어안는 경지에 접어들자,

놀랍도록 따뜻한 시어가 생산된다.

> 혼자 사는 게 안쓰럽다고//반찬이 강을 건너왔네./당신 마음이 그릇이 되어/햇살처럼 강을 건너왔네.//김치보다 먼저 익은/당신 마음/한 상//마음이 마음을 먹는 저녁
>
> —「만찬」 전문

시적 화자는 이제 어느 지점을 향할 것인가. '강화살이 10년'이 마련해준 '말랑말랑'한 현재적 좌표를 굳이 말하자면 "원하는 게 별로 없고, 확장시키지 않아도 되는, 이만하면 됐다"는 심정으로 축약할 수 있다. 사무치는 외로움과 슬픔도 어느 정도 걷어내고, 되레 따뜻하고 넉넉한 '선천성 그리움'을 향하고 있다. 첫 시집, 첫 작품인「흙 속으로 떠나는 전지훈련」에서 다짐한 '비가 오면 거짓 없이 젖는 풀 몇 포기'로 복귀하고 있는 것이다. 이름 하여 '넉넉한' 그리움이라 할 수 있겠다.

시인은 은자隱者이며 견자見者인, 빈자이며 부자인 '경계'를, 한편으로 현실에서 저만치 비껴나 있는 '방외'를 짐짓 무화하며 시업詩業을 지탱하는 단계에 진입해 있다.

함 민 복 1962년 충북 중원 출생. 1988년 《세계의 문학》으로 등단. 서울예술대학 문예창작과 졸업. 시집으로『우울氏의 一日』『자본주의의 약속』『모든 경계에는 꽃이 핀다』『말랑말랑한 힘』 등이 있음.

한 강 희 한국일보, 중앙일보 기자 역임. 《문예중앙》으로 평론 활동 시작. 성균관대학교·대학원 졸업(문학박사). 저서로『한국현대비평의 인식과 논리』, 『우리 근현대문학의 맥락과 쟁점』, 평론집으로『소통과 성찰의 상상력』 등이 있음. 전남도립 남도대학 교수.

이제부터는 연애에 관한 이야기뿐이다
악수하고 돌아서고 악수하고 돌아서는,
슬프지도 즐겁지도 않은 밴조 연주 같은…… 다른 이야기는 없다, 스물아홉
이 시점에서부터는 말이다 부작용의 시간인 것이다

그러나 같이 늙어 가는 나의 의사선생님은 여전히 똑같은 질문으로 나를 맞아주신다
"이보게 황 형. 자네가 기르는 오리들 말인데, 물장구치는 수준이 어느 정도라고 생각하나?"
낡고 더러운 수첩을 뒤적거리며 말이다.

― 「주치의 h」 중에서

외계의 상상력: 황병승÷시코쿠×2005 −뒤바뀐 거울=?
— 황병승 시집 『여장남자 시코쿠』, 랜덤하우스중앙

한 명 희

잠시 시집을 덮고 간단한 산술 문제를 하나 풀어보자. 1+2+3+4=? 이 문제는 어떤가? 2006×3÷31=? 당신의 산수 실력이 어떻든 이 문제에 대한 답은 명백하고 하나뿐이다. 이번엔 국어 문제. 나는 철수를 좋아한다. 영희는 경철을 좋아한다. 이 두 개의 홑문장을 하나의 겹문장으로 만들면? 이 문제에 대한 답도 당연히 하나이고 분명하다. 이제 황병승 시집 『여장남자 시코쿠』로 돌아가자. 이 시집에선 우리가 알고 있는 계산법이 통하지 않는다. 그가 내는 문제, 그가 문제를 푸는 방식은 언제나 다음과 같은 식이다. 황병승÷시코쿠×2005−뒤바뀐 거울=? 이것은 지구의 방식이 아니다. 나로서는 전에 이런 계산법을 본 적이 없기 때문에 일단 이것을 외계의 공식이라고 하겠다. 『여장남자 시코쿠』는 이런 외계의 공식으로 가득 차 있다. 그가 "나는 모든 면에서 느리고 그러나 시간을 재며 흰 뱀은 재빠르게 숲을 가로질렀다 그날은 평범한 금요일이었고 계단에 한쪽 발을 올려놓는 순간이었고 나는 나도 모르게 발기하였다. 분명한 것은/흰 뱀이 나를 지나고 있구나! 그것이 머리 위를 꾸물구물 지나가고 있었다"(「서랍」)고 말할 때 우리는 외계의 공식으로 그것을 해독할 수 있을 뿐이다.

『여장남자 시코쿠』는 그러니까 이런 외계의 상상력으로 가득 찬 시집이다. 황병승 시집의 시적 자아는 인간의 몸에서 수태되지 않았다. "처음 마주치는 여자의 뱃속으로 뛰어들"어 "차가워진 당신의 몸을 열고", "빨간 눈 솟은 귀"(「살인마殺人魔-Birthday Rabit」)로 태어났다. 그가 "H의 종교는 유에프오나 다름없습니다/H는 자신을 데려갈 원통형의 광선을 기다립니다(「사성장군협주곡四星將軍協奏曲」"이라고 말할 때, 그 H는 시인 자신일 수밖에 없다. 「주치의 h」의 'h'가 시인 자신인 것처럼. 그는 "피 주사를 맞"고 "매끄러운 은색의 비행접시가 서서히 공중으로 날아오르고/끝없이 어딘가로 달아"(「소녀미란다좌절공작기」)나는 것을 바라보고 있는 외계인의 상상력을 가지고 있는 것이다.

하여튼 이렇게 태어난 주체에게는 국적은 물론이고 여자와 남자, 어른과 아이의 경계조차 없다. "소년도 소녀도 아니었던 그해 여름"(「너무 작은 처녀들」), "어린 시절의 회상에 빠져 있는 저 사내를 보세요 그는 어른인가요 아님 어린아이인가요?"(「사코쿠 만자이漫才」)에서처럼. 그리고 결정적으로 "열두 살, 그때 이미 나는 남성을 찢고 나온 위대한 여성"(「여장남자 시코쿠」)에서처럼. 그리고 그는 끝내 엄마와 아이의 관계까지 전복시키고 만다. 자신의 자궁을 열어 엄마를 낳기도 하는 것이다. "나는 나의 질긴 자궁을 어디다 두었나/광장의 시체들을 깨우며/새엄마를 낳던 시끄러운 밤이여"(「검은 바지의 밤」)에서처럼.

황병승 시집 『여장남자 시코쿠』에 "죽음도 삶도 아닌 세계, 붉은 해초들이 피어오르는 환각"(「에로틱파피어린빌리지의 겨울」)의 세계가 난무하는 것은 시인의 이러한 태생의 문제(물론 정서적 태생이다)와 밀접한 관련이 있다. 그가 루이스 캐럴의 『이상한 나라의 앨리스』에 탐닉하는 것도 마찬가지 이유 때문이다(『이상한 나라의 앨리스』가 환상 문학에 얼마나 많은 영향을 미쳤는지에 대해서는 얘기하지 않고 넘어가기로 하자). 「Cheshire Cat's Psycho Boots_ 7th sauce-여왕의 오럴섹스 취미」, 「Cheshire Cat's Psycho Boots_ 8th sauce-앨리스 부인의 증세」와 더불어 「앨리스 맵(map)으로 읽는 고양이좌座」는 당연히 『이상한 나라의 앨리스』의 활용이다. "자신의 장례식에 늦는 천치가 또 있을까 제발 그 노래 좀⋯⋯늦었어 아아 늦어 버렸다고요 겟 백 겟 백? 재수 없는 새끼들!"(「그 여자의 장례식」) 외치는 사람은 당연히 『이상한 나라의 앨리스』에서 빠져나온 쥐의 변형이다.

　물론 황병승이 "앨리스 맵" 속에서만 움직이지는 않는다. 오히려 그는 다니는 곳마다에서 앨리스적인 사건을 일으키는 것 같다. "검은 넥타이에 묶인 당신/이제 곧 재밌는 일이 벌어진다"(「입맞춤의 노래」)고 시인이 말할 때, 우리 모두는 검은 넥타이에 묶인 채 재밌는 (그러나 엽기적이고 그로테스크한) 사건을 지켜보아야만 하는 사람으로 변모한다. 그리고 우리는 '프랑스 이모'가 우리를 '쟝 쟝 쟝'이라고 부르는 소리를 들어야만 한다. "나는 쟝이 아닌데 당신의 그 알량한 쟝 때문에 온 새벽을 잉잉 질투로 몸서리치는데 당신은 그저 쟝 쟝 쟝 뿐이지 나는 털끝만큼도 쟝이 아닌데!"(「프랑스 이모」)도 말이다. 그리고 또 「혼다의 오·세계五·世界 살인사건」을 지켜보아야 한다. 이 사건이 실은 일본 만화 "세상이 가르쳐준 비밀"을 토대로 하고 있다고 해도 그것은 여기서 전혀 문제가 되지 않는다. 이러한 사정은 황병승 시에 등장하는 다른 국적불명의 등장인물들, 시어들에 대해서도 마찬가지다. 우리는 단지 '사건'들이 어떻게 매력적인지 탐닉하면 되는 것이다. 그만큼 이 시집에는 매력적인 사건(이야기)들이 넘쳐난다. 「리타의 습관」처럼. 또 「사성장군협주곡」처럼.

그래서(여기서 '그래서'는 결론을 유도하는 접속사로 쓰였다), 「버찌의 계절」의 첫 부분에 쓰여 있고, 또다시 이 시집의 서문에 등장하는 다음과 같은 글—"거울 속의 네 얼굴은 꼭 내 얼굴 같구나/우리 서로 첫눈에 반해버렸지만/단 한 번의 키스도 나눌 수 없어/이제부터 나는 기다란 수염을 달고/아무런 화면도 보여주지 않을 거야"—은 그의 시론을 대변하는 것으로 이해되어야 한다. 타자에 대한 관심을 거둔 곳에서 생겨날 수밖에 없는 거울놀이로. 토도로프는 픽션 속에서만 환상이 존재하고 시는 환상적일 수 없다고 했지만, 분명 환상적인 시는 존재한다. 아직 대다수의 지구인에게 외계인은 환상이다. 나는 이 외계인이 지구인 전부까지는 아니더라도 적어도 우리 시단쯤은 거뜬히 구해내리라고 믿는다.

황 병 승 1970년 서울 출생. 2003년 《파라21》로 등단. 시집으로 『여장남자 시코쿠』가 있음.

한 명 희 1965년 대구 출생. 1992년 《시와시학》으로 등단. 시집으로 『두 번 쓸쓸한 전화』 『내 몸 위로 용암이 흘러갔다』 등이 있음. 삼척대학교 문예창작과 교수.

【추천 시 목록】

강문숙 따뜻한 종이컵, 강성은 12월/아름다운 계단, 강연호 건강한 슬픔/산수유 마을에 갔습니다, 강우식 바다 說話, 강은교 어떤 회의장에서, 강 정 단 한 차례의 멸종, 고 명 달팽이관, 고성만 숭어, 고영민 무늬, 고 은 껍데기에 대하여, 고정국 쇠별꽃, 고진하 가방 속의 하루살이/계명성/어느 설야, 고형렬 경호원 K/달려라 호랑아/부디 나무뿌리처럼 늙어라/하늘 보석글, 공광규 말밤나무 아래서/엉엉 울며 동네 한 바퀴, 곽홍란 별집도 때로 눈부시다, 곽효환 리토피아, 구봉완 잠실에서, 권갑하 하얀 설법, 권경애 소나기 지나간 뒤, 권달웅 애기똥풀꽃, 권선희 열무김치가 슬프다, 권영호 귀향, 권혁웅 가위손/괴수대백과사전/돈 워리 비 해피/마징가 계보학, 권현형 꽃피는 만덕 고물상, 길상호 껍질의 본능/세다리 물고기, 김경미 질-改作, 김경주 부재 중/우주로 날아가는 방 5/저녁의 염전, 김광선 횟집에서, 김규동 61년/북녘에 가서, 김근 낮잠이 이야기/담벼락 사내/뱀소년의 외출, 김기택 갈비집에서/매미/오토바이와 개/자백/황사, 김남조 자식의 일, 김 록 비문론, 김명리 제비꽃 꽃잎 속, 김명승 화창, 김명인 꽃뱀/방 장대소나기/복날/분서-책을 태우다/빈집, 김미정 거꾸로 가는 기차, 김민정 오빠라는 이름의 오바, 김사인 봄밤, 김산옥 파리지옥, 김삼환 또 다른 눈, 김상미 죽지 않는 책, 김선우 무보다 무우가/아욱국/어떤 출산, 김선태 곡선의 말/수묵 산수, 김성대 물옥잠/월롱역, 김세진 다리 밑엔 슬픔이 있다, 김소연 백년해로 3, 김수열 연변 여자, 김수우 족발, 김순일 채석강에서, 김승해 나무무덤, 김승희 빨랫줄 위의 산책/수련, 김신용 도장골 이야기/민들레꽃-도장골시편/재봉틀/폭설-도장골시편, 김언 떨어진 사람/유령—되기, 김연동 연출—이사, 김연숙 거삼나무숲, 김영재 지워지는 슬픔, 김완하 가을 숲에 들다, 김왕노 푸른 국도, 김요일 아바나의 피아니스트, 김용택 울어라 봄바람아, 김윤영 신발장수의 노래, 김윤희 담쟁이, 김은령 행운, 김점미 지하철 경기장에서, 김정환 도라산 전망대 넘어, 김종태 풍, 김중일 창문의 이론, 김지하 비원 앞/짐승, 김 참 무지개, 김춘수 거지황아전, 김충규 상가와 상가 사이에서 서성거렸다, 김해자 목각기러기/소리, 김행숙 고양이군의 수업시대/모모의 아침/비에 대한 감정/소수점 이하의 사람들/식목일/일요일/착한 개, 김혜수 심야의 엘리베이터, 김혜순 가려움/나는 새를 나르는 몸/비단길 3/장엄 부엌, 김혜원 물고기 시계, 김화순 좌변기, 김효선 길, 버드나무 숲에 들다,

290

나종영 은목서, **나희덕** 곤바닥이 울리는 것은/기억한다, 그러나/와온에서/욕탕 속의 나무들/절, 뚝, 절, 뚝,/포만감과 허기, **남진우** 성인장/축제는 계속된다. **도종환** 발자국/봄비/은파, **류외향** 도고도고역/바다조곡/풍림모텔, **마경덕** 폐가, **마종기** 압구정동/캄보디아 저녁, **맹문재** 겨울 저녁을 닮은 단추/草年, **문무학** 평사 휴게소에서 라면을 먹다, **문성해** 아랫도리, **문인수** 낙화/낡은 피아노의 봄밤/눈보라는 흰털이다/발톱/성주참외/하늘 턱수염, **문정영** 석류, **문정희** 저녁 초대, **문태준** 극빈 2/누가 울고 간다/덤불/번져라 번져라 病이여/자루, **민 영** 길, **박경조** 적과, **박권숙** 무녕왕릉 가는 길, **박기섭** 角北-눈/角北-한낮, **박남희** 어린 곡선, **박상순** 봄, 이케와키 치즈루의 무덤/죽은 말의 여름휴가, **박서영** 어머니의 틀니, **박선욱** 무지개, **박시교** 길/봄밤이 내게/조선소나무, **박연준** 연애편지, **박영근** 폐사지 1, **박옥위** 겨울 풀, **박유라** 까페에서 책 읽기, **박윤일** 노안, **박은율** 가랑잎, **박정대** 기원도 없이 쓸쓸하다/푸가, **박제영** 늙은 거미, **박주택** 독신자들/물방울들의 후예/저녁눈, **박지웅** 아버지를 섬에 심고, **박진성** 나는 아버지보다 늙었다/함양에서 놀다, **박진숙** 시인, **박 찬** 공명/포도씨, **박판식** 새/서광, **박해람** 버들잎 경전, **박현수** 무뇌설법/첫 시집, **박형준** 수문통-2/의자에 앉아 있는 눈사람/창문을 떠나며/홍시, **박홍점** 노숙의 날들/흉터, **박후기** 옆집에 사는 엘리스, **반칠환** 자벌레/장어, **배영옥** 흔적, **배용제** 구름의 뼈/불쾌한 나뭇잎, **배창환** 우리 집에 가자, **배한봉** 육탑, **백무산** 그 절/기대와 기댈 곳, **백미아** 물구나무, **백이운** 꽃들은 하고 있네/미타원에 와서, **서우승** 여름, **서정춘** 30년 전/빨랫줄, **서지월** 빈 캔의 노래, **성배순** 쑥사설, **성선경** 게딱지, **성찬경** 구상, **손세실리아** 압점/얼음 호수, **손정순** 기지개를 켜다/유년 일기, **손진은** 중년, **손택수** 거꾸로 박힌 비늘 하나/비 새는 집-1979/수박, **손현숙** 멀미, **송기원** 꽃이 필 때/목련, **송수권** 봄날/어초장 3, **송승환** 시멘트, **송재학** 귀/눈물이 없다/마다가스카르 섬/비가 내리는 사면/손, **송종찬** 아차산 가는 길, **송찬호** 만년필/사과/채송화, **신경림** 코기토 에르고 숨/하느님은 알지만 빨리 말하시지 않는다, **신기섭** 고독/아버지와 어머니/할아버지가 그린 벽화 속의 풍경들 3/현기증, **신달자** 저 허공도 밥이다, **신동옥** 악공, 현리에서, **신용목** 새들의 페루/틈, **신해욱** 성춘잔혹 이야기, **신현림** 청산도 가는 길, **신현정** 오리 한 줄/자전거 도둑, **신현종** 개똥, **안도현** 공부/기러기 알, **안상학** 아배 생각, **안시아** 그림자, **안현미** 시구문 밖, 봄, **양문규** 쌍봉사 철갑선사탑, **양윤식** 공, **엄원태** 동행, **오규원** 강변과 모래, **오승철** 송당 쇠똥구리 4, **오정국** 몸살, 찔레꽃 붉게 피는

/폭우, **오탁번** 폭설, **위선환** 빈소리, **유기환** 식탁, **유성규** 현해탄 야화, **유수연** 중얼거리려고 6, **유승도** 아, **유안진** 만나면서 못 만나는, **유자효** 세한도, **유종인** 돌확 속의 생/모과/어떤 문, **유형진** 버블버블랜드의 츄잉, **유흥준** 겨울 조계산의 설법/文盲/얼음나라 체류기/의자 위의 흰 눈/흰 종이라는 유령, **윤선아** 뜨거운 화석, **윤성택** 닻, **윤은경** 북천물고기/용담을 만나다, **윤제림** 당숙은 죽어서 새가 되었다/손목, **윤진화** 다시, 다시, **윤희상** 봄꽃, **이경림** 비둘기들/사슴나무/톡톡 토톡, **이경임** 오후 여섯 시 빈 방, **이규리** 꼬리/사량도 너머/살얼음/어느날/우리를 울게 할/파티, 좋아하나요, **이근화** 본 적 있는 영화, **이기성** 1호선/말 없는 아이 2/식탁/택시 드라이버, **이기와** 그녀들 비탈에 서다, **이기철** 저녁이 다녀갔다, **이달균** 근조화, **이대흠** 수문 양반 왕자지, **이덕규** 간질, 꽃치 꽃 속으로 들어가/기일/꽃꿈/독락당에서/마침표를 뽑다/마침표를 찍다, **이동순** 미스사이공, **이문재** 내가 국경이다, **이병률** 거인고래/검은물/봉인된 지도/사랑의 역사/한뼘 몸을 옮기며 나는 간절하였나, **이병초** 개똥참외, **이상국** 소, **이성미** 독자, **이성복** 시 1, **이성부** 집, **이수명** 못박힌 사람, **이수익** 별집도 때로 눈부시다, **이승은** 시간, **이승철** 내 청춘의 비망록, **이승훈** 모든 게 잘 되어간다/인간은 태어나서 살다 죽는다, **이시영** 남과 북/시월/풀꾼, **이 안** 입술로 먹다, **이영광** 몰골/백운동/황금벌레, **이우걸** 열쇠, **이 원** 꽃의 몸을 찾아서/몸 밖에서 몸 안으로, **이원규** 강물도 목이 마르다, **이윤학** 밤나무, **이은봉** 돈은 처음 자신을 배춧잎으로 알았다/바람의 문자/우울/첫눈/항공사진, **이응준** 약혼, **이장욱** 식물성/풍선 날아가네, **이재무** 갈퀴/관계/관계 혹은 사랑/관상용 대나무/몸살, **이재훈** 겨울숲/순례, **이점선** 뒷면, 내가 빠진 사진, **이정록** 나무의자, **이정환** 속화에 대하여/은적사/현의 노래, **이종문** 선풍기/피고 지다, **이종암** 오동경, **이종진** 우리들의 성철, **이준관** 미루나무가 서 있는 강마을, **이진명** 눈물 머금은 神이 우리를 바라보신다, **이진영** 빈집, **이창수** 목련은 무엇으로 지나, **이태수** 깊은 밤, 시를 쓰다가, **이현승** 동물의 왕국, **이형기** 나의 물고기, **임경림** 사과 껍질은 지금, **임동확** 하루살이에 대한 명상, **장경린** 로그인, **장대송** 회양사람과 가을숲에서 노을을 보다가, **장만호** 무서운 속도, **장석남** 달밤/묵집에서/싸리꽃들 모여 핀 까닭 하나를/편자 신은 연애, **장석원** 이상한 슬픔, **장석주** 난 건달이 되겠네, **장옥관** 검붕어 키우기/돋보기 맞추러 갔다가, **장인수** 유리창, **장철문** 그 집 늙은 개/단풍행렬/지겹다/하나님의 부채/흰 국숫발/흰고무신, **전기철** 모자이크 방, **전정희** 물에도 때가 있다, **정공채** 봄비 오는 사월에, **정끝

별 가지에 가지가 걸릴 때/죽음의 방식, **정병근** 번개를 치다/어두운 계단, **정병숙** 통화권 이탈지역, **정수자** 자작나무/차 안의 생/탁발의 날들/혼의 집, 세한도를 엿보다/홍잠, **정 양** 유성, **정영숙** 아편차, 아픈차, **정우영** 달팽이/문턱, **정원숙** 은박접시, **정윤천** 모자를 하나 쯤, **정익진** 무인카메라, **정일근** 녹비, **정재학** 굳어진 손가락이 구겨진 기타줄에게/편지, 영 월에서, **정진규** 청도가 수상하다, **정현종** 바쁜 듯이, **정호승** 누더기, **정희성** 몽유백령도, **조기조** 엄니는 부애가 나신거라, **조동화** 아우라지 가서, **조말선** 달맞이꽃, **조연호** 금요일 의 자매들/달력의 순서/저녁의 기원/철저한 야외/풍치지구 약전, **조영석** 변신, **조용미** 기 억할만한 어둠/나무 사이에 소리가 있다/자미원 간다/흙 속의 잠, **조 은** 고양이, **조정권** 단 두 줄/이 마음의 걸/식물원에서/책이 사치를 누리고 있다, **진동영** 벚꽃과 비닐봉지/우리에 게 일용할 코를 주시옵고, **차주일** 얼굴/오래된 마루는 나이테가 없다, **차창룡** 기러기의 뱃 속에서 낟알과 지렁이가 섞이고 있을 때/동학사/칼 가는 집, **천양희** 소리꾼/울음, **최금진** 물려받은 집, **최동호** 노인과 수평선/폭격 맞은 철원공산당사, **최문자** 시의 날개, **최서림** 가 문비나무숲/까끄라기, **최승호** 게, **최연숙** 슬픈 안락사, **최영철** 굿모닝 베트남/호프집, **최정 례** 비스듬히/스타킹을 신는 동안, **최치언** 늑대, **최하연** 물구나무의 태몽, **편혜영** 저수지, **하재연** 스텔라 미장원, **한광구** 바늘, **한영옥** 5월이 되어도, **한정화** 꽃 지던 날, **함기석** 날씬 한 왈츠, **함민복** 텃밭, **함성호** 기억 그 냄새/미치겠네, **함순례** 동굴, **허만하** 수평선, **허수경** 새벽발굴/오후/입술, **허형만** 이순의 어느날, **홍성란** 바람 불어 그리운 날/폭풍의 언덕, **홍 윤숙** 빈 항아리 6-신발, **홍은택** 모자이크 나비/방안에 핀 동백/야간산행, **홍일선** 그곳에 착 한 숲이 있다/우토로여, 이 시를 용서해 주오, **황동규** 당진 장고항 앞바다/마지막 가난, **황 병승** 비의 조지아/어린이/첨에 관한 아홉소씨의 이해

【추천 시집 목록】

강희근 기침이 난다, **고두현** 물미해안에서 보내는 편지, **고 영** 달팽이집이 있는 골목, **고영민** 악어, **고재종** 쪽빛문장, **고증식** 단절, **권석창** 쥐뿔의 노래, **권혁웅** 마징가 계보학, **김광렬** 풀잎들의 부리, **김규태** 흙의 살들, **김 근** 뱀소년의 외출, **김기택** 소, **김도연** 십오야월, **김명인** 파문, **김민정** 나는 고슴도치 아가씨, **김수우** 붉은 사하라, **김신용** 환상통, **김 언** 거인, **김언희** 뜻밖의 대답, **김영탁** 새소리에 몸이 절로 먼 산 보고 인사하네, **김영현** 그 후, 일테면 후일담, **김이듬** 별 모양의 얼룩, **김인숙** 그 여자의 자서전, **김지하** 유목과 은둔, **남일우** 얼음꽃, **노향림** 해에게선 깨진 종소리가 난다, **류인서** 그는 늘 왼쪽에 앉는다, **마경덕** 신발論, **맹문재** 책이 무거운 이유, **문성해** 자라, **박경원** 아직은 나도 모른다, **박권숙** 홀씨들의 먼길, **박남준** 적막, **박남철** 바다 속의 흰머리뫼, **박세현** 사경을 헤매다, **박운식** 아버지의 논, **박유라** 푸른 책, **박진성** 목숨, **박 철** 험준한 사랑, **박형준** 춤, **반칠환** 웃음의 힘, **백가흠** 귀뚜라미가 온다, **복효근** 목련꽃 브라자, **서정춘** 귀, **성찬경** 논 위를 달리는 두 대의 그림자버스, **송선영** 원촌리의 눈, **송재학** 진흙 얼굴, **신해욱** 간결한 배치, **신현정** 자전거 도둑, **양문규** 집으로 가는 길, **양해경** 내가 암늑대라면, **오규원** 새와 나무와 새똥 그리고 돌멩이, **오세영** 시간의 쪽배, **오태환** 별빛들을 쏘다, **유강희** 오리막, **유재영** 고욤꽃 떨어지는 소리, **유종인** 교우록, **유형진** 피터래빗 저격사건, **윤중호** 고향길, **이경림** 상자들, **이기인** 알쏭달쏭 소녀백과사전, **이달균** 장롱의 말, **이상국** 어느 농사꾼의 별에서, **이성미** 너무 오래 머물렀을 때, **이성부** 작은산이 큰산을 가린다, **이세기** 먹염바다, **이시영** 아르갈의 향기, **이영주** 108번째 사내, **이윤학** 그림자를 마신다, **이은봉** 길은 당나귀를 타고, **이재훈** 내 최초의 말이 사는 부족에 관한 보고서, **이종문** 봄날도 환한 봄날, **이창수** 물오리 사냥, **이한성** 가을 적벽, **이홍섭** 가도 가도 서쪽인 당신, **임동확** 나는 오래전에도 여기 있었다, **장경린** 토종닭 연구소, **장무령** 선사시대 앞에서 그녀를 기다리다, **장석남** 미소는, 어디로 가시려는가, **장석원** 아나키스트, **장석주** 붉디 붉은 호랑이, **정끝별** 삼천갑자 복사빛, **정병근** 번개를 치다, **정양** 길을 잃고 싶을 때가 많았다, **정우영** 집이 떠나갔다, **정이랑** 떡갈나무 잎들이 길을 흔들고, **조기조** 기름미인, **조정권** 떠도는 몸들, **천양희** 너무 많은 입, **최하림** 때로는 네가 보이지 않는다, **편혜영** 아오이가든, **함민복** 말랑말랑한 힘, **허수경** 청동의 시간 감자의 시간, **허형만** 첫차, **홍성란** 바람불어 그리운 날, **황병승** 여장남자 시코쿠, **황학주** 루시

【추천위원 명단】

강연호   강신애   강유정   강 정   강희안   고명철   고봉준
고영민   고증식   고형렬   공광규   곽효환   구봉완   권갑하
권석창   권혁웅   길상호   김광렬   김경미   김기중   김문주
김민정   김백겸   김상미   김선태   김세진   김수이   김연숙
김영재   김용락   김용택   김완하   김이하   김종길   김종태
김종해   김행숙   나태주   노향림   도종환   맹문재   문인수
문혜원   문태준   민병도   박기섭   박남준   박상률   박성우
박수연   박시교   박영근   박용하   박정대   박주택   박진성
박 찬   박찬일   박철화   박형준   박홍점   방민호   변종태
서정춘   서지월   성선경   손세실리아 손정순   손진은   손택수
송종찬   송찬호   신달자   신대철   신덕룡   신용목   신진숙
안도현   안현미   양문규   엄원태   여태천   오탁번   위선환
유성호   유승도   유안진   유자효   유재영   윤금초   윤호병
이경림   이경수   이광호   이규리   이근화   이기인   이기철
이달균   이덕규   이명수   이민하   이병률   이병초   이사라
이상국   이상숙   이상호   이선영   이성복   이성우   이성혁
이승은   이승철   이우걸   이윤학   이 원   이은봉   이장욱
이재무   이정록   이정환   이종암   이창민   이태수   이향지
이형권   이혜원   임동확   장만호   장석남   장석원   장옥관
장철문   전기철   전병준   정복여   정수자   정 양   정우영
정진규   정채원   정혜경   조용미   조정권   조해옥   차주일
채향옥   천양희   최서림   최하림   하상일   한강희   한광구
허수경   허형만   홍성란   홍용희   홍일선   홍일표   황인원
황병승   (이상 162명)

2006 '작가'가 선정한 오늘의 시

2006년 2월 10일 초판 1쇄 발행
2006년 4월 13일 초판 2쇄 발행

지은이 | 신경림 외
펴낸이 | 孫貞順
펴낸곳 | 도서출판 작가
　　　　서울 서대문구 북아현3동 180-22 (우-120-193)
　　　　전화 | 365-8111~2　팩스 | 365-8110
　　　　이메일 | morebook@morebook.co.kr
　　　　홈페이지 | www.morebook.co.kr
　　　　등록번호 | 제13-630호(2000. 2. 9.)

기획위원 | 유성호 박수연 김수이
편집 | 김이하 김민정 손순희
디자인 | 오경은 박현경 임은경
영업 | 남종역 설동근

ISBN 89-89251-44-3

* 잘못된 책은 구입하신 서점에서 바꾸어 드립니다.
* 지은이와의 협의 하에 인지를 붙이지 않습니다.

값 9,500원